AS 29 POETAS HOJE

HELOISA BUARQUE
DE HOLLANDA (ORG.)

As 29 poetas hoje

1ª reimpressão

Copyright © 2021 by As Autoras

Grafia atualizada segundo o Acordo Ortográfico da Língua Portuguesa de 1990, que entrou em vigor no Brasil em 2009.

Capa
Tereza Bettinardi

Revisão
Camila Saraiva
Ana Maria Barbosa

Dados Internacionais de Catalogação na Publicação (CIP)
(Câmara Brasileira do Livro, SP, Brasil)

As 29 poetas hoje / organização Heloisa Buarque de Hollanda. — 1ª ed. — São Paulo : Companhia das Letras, 2021.

Vários autores
ISBN 978-85-359-3437-3

1. Poesia 2. Poesia brasileira – Coletâneas I. Hollanda, Heloisa Buarque de.

20-49609   CDD-869.108

Índice para catálogo sistemático:
1. Poesia : Antologia : Literatura brasileira   869.108

Cibele Maria Dias – Bibliotecária – CRB-8/9427

[2021]
Todos os direitos desta edição reservados à
EDITORA SCHWARCZ S.A.
Rua Bandeira Paulista, 702, cj. 32
04532-002 — São Paulo — SP
Telefone: (11) 3707-3500
www.companhiadasletras.com.br
www.blogdacompanhia.com.br
facebook.com/companhiadasletras
instagram.com/companhiadasletras
twitter.com/cialetras

Para Julinha e Violeta, poetas sempre

*Sem a pesquisa e a colaboração
de Julia Klien, provavelmente
essas poetas nunca teriam
chegado a mim.*

sumário

É importante começar essa história de algum lugar, ainda que arbitrário — Heloisa Buarque de Hollanda, 9

Adelaide Ivánova, 37
Maria Isabel Iorio, 45
Ana Carolina Assis, 50
Elizandra Souza, 57
Renata Machado Tupinambá, 61
Bruna Mitrano, 68
Rita Isadora Pessoa, 74
Ana Frango Elétrico, 81
Luz Ribeiro, 88
Danielle Magalhães, 102
Catarina Lins, 111
Érica Zíngano, 123
Jarid Arraes, 133
Luna Vitrolira, 139
Mel Duarte, 143
Liv Lagerblad, 152
Marília Floôr Kosby, 160
Luiza Romão, 166
Raissa Éris Grimm Cabral, 172
Cecília Floresta, 176
Natasha Felix, 180

nina rizzi, 186
Stephanie Borges, 194
Regina Azevedo, 204
Valeska Torres, 210
Bell Puã, 217
Yasmin Nigri, 220
Dinha, 226
Marcia Mura, 233

as autoras, 237
referências dos poemas já publicados, 249

É importante começar essa história de algum lugar, ainda que arbitrário

Heloisa Buarque de Hollanda

O EFEITO ANA C.

Já ouvi dizer que tudo começou com Ana Cristina Cesar. A afirmação é um pouco radical, mas é recorrente em quase todos os depoimentos das poetas que a sucederam. A atração que Ana C. despertou e desperta é um assunto longo, cheio de hipóteses e subtextos.

Mas trago Ana C. aqui por outro motivo. Quero chamar a atenção, neste momento de explosão feminista, para sua reflexão seminal sobre as relações poesia-feminino-feminismo.

A perplexidade e o interesse obstinado de Ana Cristina em relação ao que seria uma "poesia de mulher" começa com o texto "Literatura e Mulher: essa palavra de luxo", publicado no n. 10 da revista *Almanaque*, em 1979,[1] sobre as antologias recém-lançadas de Cecília Meireles e Henriqueta Lisboa. Ana examina como se formata ali uma ideia de poesia feminina, baseada nas adjetivações de seus críticos (homens): poesia do sensível, do inefável, tênue, poesia que privilegia o pudor, o velado, o inviolado. Ana não estava desmerecendo Ce-

---
[1] *Crítica e tradução*. Companhia das Letras: São Paulo, 2016.

cília e Henriqueta. O que interessa aqui para Ana Cristina é como a crítica induz a leitura dessas poetas, consolidando a noção de *poesia de mulher* no Brasil. Ana adverte: "Por trás dessa concepção fluídica da poesia um sintomático calar de temas de mulher".

Ana escreve esses textos no auge da terceira onda feminista, cujo discurso, de certa forma, também critica. Diz ela sobre a poesia feminista daquela hora: "Onde se lia flor, luar, delicadeza e fluidez, leia-se secura, rispidez, violência sem papas na língua. Sobe à cena a moça livre de maus costumes, a prostituta, a lésbica, a masturbação, a trepada, o orgasmo, o palavrão, o protesto, a marginalidade. [...] A nova (?) poética inverteu os pressupostos bem-comportados da linhagem feminina e fez da inversão sua bandeira". É quando se coloca a pergunta inevitável: "Seria possível mexer com 'literatura de mulher' (seja lá o que for isso) sem ocupar o lugar do feminismo nem cair na confusa ideologia do eterno feminino? [...] Onde ancorar esse conceito? Não seria melhor deixá-lo à deriva, errante conforme nos sopra o que há de feminino na linguagem?".

Na minha leitura de Ana C., a preocupação sobre como uma mulher pode significar seu desejo ou seu lugar é a busca obstinada de sua poética. Assim, a escrita de mulheres não deveria nem calar seus temas nem aderir a fórmulas poéticas ou políticas: deveria ser uma escrita à deriva, livre de amarras.

Entretanto, Ana é bastante afirmativa quando, ao definir como exemplar a poesia feminina de Angela

Melim, valoriza sua "voz muito próxima, pé do ouvido, linhas cruzadas". Proximidade, interferências, confidências, escuta. Únicos e vagos traços, segundo Ana, do que seria identificado como "escrita de mulher".

Numa leitura bastante pessoal, eu diria que Ana C. não chegou a definir o que para ela seria uma poética de mulheres, mas sem dúvida perseguiu, determinada, uma estratégia da poesia de mulheres em busca de uma escrita livre das marcas da delicadeza e da sensibilidade, uma escrita suficientemente porosa que pudesse acolher os tais "temas de mulher". Esse me parece o papel funcional e estratégico da intimidade, do segredo, do pé do ouvido, do jogo simulado e cruzado com seu suposto leitor, que Ana defende com garras e dentes para a poesia de Angela Melim.

Podemos dizer, ainda que de forma meio arbitrária, que Ana foi o solo do que eu chamaria de jovem cânone da poesia de mulheres, a saber: Angélica Freitas, Marília Garcia, Alice Sant'Anna, Ana Martins Marques e Bruna Beber.

Muitas poetas surgem nessa geração marcada pela voz das mulheres. Cito, assim de cabeça, mais algumas de que gosto muito: Laura Liuzzi, Annita Costa Malufe, Micheliny Verunschk, Sofia Mariutti, Julia de Souza, Júlia Hansen, Ana Elisa Ribeiro, Ryane Leão, Ana Guadalupe, Ana Estaregui e Mônica de Aquino. Devo estar esquecendo outras tantas, mas a memória falha.

INVENTANDO UM JOVEM CÂNONE

Estabelecer por livre e espontânea vontade um cânone tem uma quota de ironia, mas me permiti esse abuso porque tomo aqui cânone em seu sentido original de κανόνας, vara utilizada como medida. Justifico a escolha desses nomes, entre tantas excelentes poetas que surgiram nos últimos anos, por dois motivos. Essas poetas são as que, com mais evidência, experimentaram o legado, ou, melhor dizendo, o efeito Ana C. E também porque, até segunda ordem, parecem ser as que mais influenciaram e mesmo se constituíram como referência para a poesia mais jovem praticada hoje entre nós. Intrigada, fui procurar a ligação delas com Ana Cristina. A cada uma pedi um pequeno testemunho sobre a poeta.

Entre essas cinco poetas, Alice Sant'Anna (Rio de Janeiro, 1988) parece ser sua herdeira mais direta. Seu encontro com a poeta soa definitivo. Diz Alice:

> Ana C. foi a primeira poeta que li por vontade própria. Tinha alguma coisa muito misteriosa ali e ao mesmo tempo totalmente às claras. A graça sempre foi pescar uma nesga, uma informação incompleta, cifrada, como ouvir o pedaço de uma fofoca ou interceptar um bilhete escrito para outra pessoa. [...] Ela virou minha principal referência.

A poesia de Alice transpira o desejo de decifrar Ana C., bem como uma paixão explícita pela poesia japonesa. Escolho um trecho de um de seus últimos livros, cujo título, sintomaticamente, é *Pé do ouvido* (Companhia das Letras, 2016) — uma das modulações mais importantes de Ana Cristina. Este livro é um só poema longo, com todas as digressões permitidas no narrar de uma breve mas intensa história de amor. Trago aqui dois fragmentos escolhidos de forma aleatória:

> [...]
> *a diferença entre solitude*
> *e loneliness qual é?*
> *depois de certo tempo se cansou do recital*
> *ouvindo a mulher maquiada demais*
> *com sotaque irlandês*
> *prestava atenção não no que ela dizia*
> *mas no modo como a voz cantava*
> *quase sem pausas para respirar*
> *olhava para aquela mulher*
> *sem entender uma palavra*
> *como se estivesse apenas folheando um livro*
> *virando as páginas*
> *acompanhando o formato das letras*
> [...]
> *passou o dia quieta como um bicho*
> *entre as árvores coloridas*
> *algumas já desbotadas*
> *algumas já carecas*
> *aquela música, o modo como a voz desliza*
> *para a nota de baixo*
> *sente um nó na garganta toda vez*

enquanto assiste
às roupas girarem
no vidro redondo da máquina de lavar

Alice traduz o encanto com Ana Cristina com uma marcação bastante pessoal. A poesia de Alice é subliminar; escolhe a fluidez, a flutuação — é onde encontra sua voz.

Já Ana Martins Marques (Belo Horizonte, 1977) parece se relacionar com a poesia de Ana Cristina não através do encanto e ainda menos da identificação, mas respondendo à interpelação que a intimidade — enquanto recurso — de *A teus pés* (1982) provoca. Com isso, ganha distância, pensa a literatura e os traços da gramática cênica, corporal e ontológica de sua antecessora. Mantém sua curiosidade à distância e se atira de cabeça na literatura ipso facto, construindo uma poesia que, estranhamente, nasce definitiva. Quando indaguei sobre a relação de sua poesia com a de Ana C., ela me enviou esse comentário que havia escrito no blog da Companhia das Letras:[2]

> Comecei a ler Ana Cristina Cesar na adolescência, naquele pequeno volume rosa (vermelho?) da editora Brasiliense que reunia três livros seus, com o título de *A teus pés*. Saí de cada leitura desse livro com a impres-

---

[2] Ana Martins Marques, "Ana Cristina Cesar". Blog da Companhia, 29 out. 2013. Disponível em: <historico.blogdacompanhia.com.br/2013/10/ana-cristina-cesar/>.

são de ter sido lançada em cheio numa intimidade estranha, que ao mesmo tempo me interpelava e me mantinha à distância. Como quem descobre por acaso as cartas de amor de um desconhecido. Ou chega sem ser convidado a uma festa e, em trânsito pela sala, capta o burburinho das conversas já começadas. Essa sensação era produzida sobretudo pelo flerte com a correspondência (o diário, o bilhete, o lembrete, a anotação pessoal), e pela força ambígua dos dêiticos quando usados fora de uma situação enunciativa particular: é para você que escrevo, você. Sempre saí da leitura dos poemas da Ana me perguntando menos sobre aquela que no texto diz "eu" do que sobre aquele/aquela em que me via transformada pela força dessa interpelação. Aprendia aí alguma coisa sobre a poesia, alguma coisa que tem a ver com destinação, desejo e drama. Ou com cena, segredo e sereias. Ou com texto, tesão e teatro. Ou com corpo, conversa e corte. Foi ainda a essa solicitação ambígua que procurei responder, muitos anos depois, com um poema-carta que publiquei no meu primeiro livro, endereçado simultaneamente a ela e a você, sim, você:

Self safári (Carta para Ana C.)

Ciganas
passeando
com um rosto escolhido
por paisagens cegas de palavras
traduzidas

inconfessas
rabiscos
ao sol.
Cotidianas
vivendo dias de diários
e mentindo descaradamente
nos silêncios das cartas
(selos postais
unhas postiças
versos pós-tudo).
Fulanas
de nomes reversíveis
para ir e voltar
sem sair do lugar:
self safári
por essa paisagem toda
que no fundo
Ana
nada tem a ver conosco.

Conta Marília Garcia (Rio de Janeiro, 1979):

O contato com o *A teus pés* foi fundamental. Eu li o livro pela primeira vez com dezoito anos e me lembro da estranheza de tudo, de certo ar de mistério, da combinação de coisas que pareciam familiares mas que escapavam do entendimento do leitor, que não podiam ser entendidas... Nessa época, através de uma professora, conheci a tese da Maria Lucia Barros Camargo sobre a Ana Cristina Cesar. Copiei trechos inteiros das análises da Maria Lucia sobre intertextualidade em Ana C. e passei bastante tempo lendo os poemas pensando nisso, nos diálogos e no processo de escrita. Fui lendo depois outros textos dela, críticas, resenhas, traduções, e foi como um ateliê paralelo aos poemas e que no fim conviviam e podiam ser lidos em diálogo direto com a escrita dela.

Marília minimiza, na poesia de Ana C., a magia da intimidade, dos artifícios e dos reflexos. Em voo aberto, ainda que mantenha certo fascínio pela intertextualidade, sua poesia se desdobra em nova direção, indagando sobre as técnicas e os recursos da linguagem que se quer poética. Feita de poemas longos, persegue o rendimento poético do movimento, do tempo, dos efeitos e/ou recursos do som, e arrasta o leitor em espirais, ecos, ruídos, idas e voltas, voltas, voltas num profundo estranhamento do entorno espaçotemporal onde se expressa. Em seu último livro, *Câmera lenta* (Companhia das Letras, 2017), ela minuciosamente propõe um partido intrigante: não cria uma escrita para ser falada, mas uma fala para ser escrita. Os textos, sem pontuação, trazem a marca da presença da fala e compõem um fluxo que ao mesmo tempo se expõe e se pensa durante todo o processo da escrita, como o poema "Em loop, a fala do soldado", a seguir:

vivo numa caixa preta
de vinte centímetros.
vejo o mundo por um visor,

*no meio de uma cruz
para mirar as coisas*
prédios   estradas   objetos   cachorros.

*tudo que passa pelo quadro
vira alvo, então penso em algo
linear: você já reparou que algumas imagens
se repetem? de repente,
um cisco no olho.
"eu vivo numa caixa preta",
disse. estamos sentados
lado a lado no trem
— em silêncio — os dois de calça verde
e camisa branca.*
         sei que não está tudo bem,
*levanto o olhar tentando alcançar
o dele e ouço apenas a voz
de frente para o alvo.
vivo numa caixa preta, diz,
e eu não sei como parar
a repetição.*

Bruna Beber (Duque de Caxias, RJ, 1984) sobre Ana C.:

Todo mundo acha que ela tem um impacto grande sobre mim, mas eu sempre achei que não tinha, não sinto essa herança. Essa indagação é muito recorrente na minha vida de poeta. Uma vez, conversando com o Armando Freitas Filho sobre isso, ele me disse: querida, os grandes poetas quando se vão deixam um perfume no ar, inescapável. Acho que é por aí.

Realmente, à primeira vista, Bruna não parece reverberar nem o tom nem a poética de Ana Cristina. Mas concordo com Armando quando fala da herança de um perfume inescapável. Bruna respira esse perfume e, ainda que não se deixe tomar por ele, encontra seu ponto de contato com o projeto poético de Ana Cristina. Ela abertamente não se rende e mesmo confronta o "eterno feminino". Bruna rejeita ambiguidades, segredos e sereias. Sua poesia oferece uma leitura da realidade traçada em linhas cheias, contrastadas, ainda que desconfortável. No poema "Zás-trás", de *A fila sem fim dos demônios descontentes* (7Letras, 2006), com dicção feita de um humor ansioso, despedaça e desagrega o mote da espera amorosa, um dos favoritos no acervo dos "temas de mulher":

*estou aqui de pernas
para o ar agarrada
ao lustre
esperando sua visita*

*unicórnios e baratas
conversam na varanda
eu sinto sede bebo água
na infiltração da cozinha*

você demora
está escuro não há luz
de poste vazando pelo vidro
trincado da janela

há horas atenta
aos gritos da campainha
quebrada minha perna cruzada
do lustre prepara um lindo colar.

E afinal chegamos ao ponto em que se dá o elo entre a geração Ana C. e a nova poesia feminista. Falo de Angélica Freitas (Pelotas, RS, 1973), a grande referência da poesia feita por jovens feministas. Com Angélica, elas compartilham a procura do que é ser mulher e qual é a expectativa de ser mulher. A noção de que não há uma linguagem sem o corpo. Mas, mesmo marcando uma diferença, sua ligação com Ana Cristina não é menos visceral do que suas contemporâneas.

> Foi em 1988. Eu tinha quinze anos e estava matriculada no curso de eletrônica da Escola Técnica Federal de Pelotas. Eu tinha um colega chamado Andrei Cunha, que gostava muito de ler, era filho de um professor do Departamento de Letras da Universidade Federal de Pelotas. Ele sempre soube que eu gostava de escrever, e era uma das poucas pessoas para quem eu mostrava meus poemas. Um dia, depois de uma aula lá da Escola Técnica, ele me trouxe um livrinho

vermelho de uma tal de Ana Cristina Cesar, de quem eu nunca tinha ouvido falar. Levei os livros para casa, devorei o da Ana e quase não acreditava no que estava lendo. Lembro de achar esse livro muito diferente de tudo. Já tinha lido Drummond, Bandeira, mas quando eu abri *A teus pés*, de Ana Cristina Cesar, foi como se uma bomba caísse sobre mim. Mudou tudo. Minha maneira de ler e escrever poesia. Era um registro poético bem diferente de tudo que eu estava acostumada a ler. Alguns dias depois devolvi o livro para o meu amigo e só fui conseguir comprar a minha própria cópia de *A teus pés* na metade dos anos 1990, quando fui estudar jornalismo lá na UFRGS, em Porto Alegre. Eu me lembro de ficar procurando pelas livrarias e sebos livros de mulheres poetas que pudessem ter o mesmo impacto que *A teus pés* teve na minha vida, e só anos mais tarde aconteceu algo parecido, quando achei numa livraria de Porto Alegre o *Finesse e fissura*, da Ledusha. Não sei se sou necessariamente influenciada pela poesia de Ana Cristina Cesar, talvez não consiga ver essa influência, mas acho que ela me abriu olhos e ouvidos para outros registros possíveis de poesia. Além de, claro, me tirar do eixo.

De Angélica, trago aqui fragmentos de seu livro *Um útero é do tamanho de um punho*, que, ao que tudo indica, parece ser o *A teus pés* da novíssima geração. Retiro o primeiro fragmento da série "Uma mulher limpa", que abre o livro:

*uma mulher muito feia
era extremamente limpa
e tinha uma irmã menos feia
que era mais ou menos limpa*

*e anda uma prima
incrivelmente bonita
que mantinha tão somente
as partes essenciais limpas
que eram o cabelo e o sexo*

*mantinha o cabelo e o sexo
extremamente limpos
com um xampu feito no texas
por mexicanos aburridos*

*mas a heroína deste poema
era uma mulher muito feia
extremamente limpa
que levou muitos anos
uma vida sem eventos*

A seguir, um trecho do longo poema que dá título ao livro:

*um útero é do tamanho de um punho
num útero cabem cadeiras
todos os médicos couberam num útero
o que não é pouco
uma pessoa já coube num útero*

não cabe num punho
quero dizer, cabe
se a mão estiver aberta
o que não implica gênero
degeneração ou generosidade
ter alguém na palma da mão
conhecer como a palma da mão
conhecer os dois, um sobre a outra
quem pode dizer que conhece alguém
quem pode dizer que conhece a degeneração
quem pode dizer que conhece a generosidade
só alguém que sentiu tudo isso
no osso, o que é uma maneira de dizer
a não ser que esteja reumático
ou o osso esteja exposto
[...]

Os comentários de Angélica sobre o processo de escrita desse livro me parecem importantes para perceber o porquê de sua ressonância nas jovens poetas feministas. Diz ela:

Ganhei uma bolsa Petrobras para escrever durante um ano. Meu projeto era esse livro (*Um útero é do tamanho de um punho*), e eu me perguntava o que seria escrever sobre a mulher do jeito que eu queria. Comecei a pesquisar textos sobre o corpo da mulher e sobre como dar forma ao corpo nos poemas. Vi que não havia nada em poesia sobre o *assunto* mulher. Como leitora de poesia, vi que a poesia feita por mulheres no Brasil não me representava. Só as americanas. Poetas lésbicas não tinham voz. Ser uma grande poeta dentro das regras não me interessa. Essas regras foram propostas pelos homens. E comecei a pesquisar o que é dizer. Eu queria ver o que a poesia pode suportar. Poesia é uma investigação séria. Ler outros poetas, é importante estudar para escrever.

Resumindo: Angélica abriu para as jovens o caminho da desobediência, do corpo, de que escrever é investigar o avesso das regras que regem a poesia. Ao mesmo tempo, Angélica é, em sua geração, a que mais abertamente explicitou sua posição feminista.

AGORA, 29

Diante da onda feminista que nos surpreende hoje, me fiz uma pergunta inevitável: existe uma poesia feminista? Por outro lado, uma segunda pergunta atropela a primeira: seria possível nomear uma poesia como feminista? Não estaríamos promovendo um reducionismo perigoso? Não me sinto confortável chamando essa nova poesia de feminista. Prefiro pensar no impacto do feminismo nessa nova geração de mulheres. Prefiro pensar numa poética que, agora, passa a ser modulada por uma nova consciência política da condição da mulher e do que essa consciência pode se desdobrar em linguagens, temáticas e dicções poéticas.

Saí em campo e mergulhei na poesia de mulheres, sobretudo das jovens que fossem, de alguma forma, afetadas pela quarta onda feminista. Talvez, no fundo, o que eu estivesse procurando fosse reviver o gosto e o susto de estar frente a frente com uma quantidade de poetas desconcertantes, lembrando meu trabalho em *26 poetas hoje*, em 1976 — livro no qual Ana Cristina Cesar foi revelada. De novo, me deparo com uma poesia criativa, direta, com estilo próprio, que reinventa o lugar da poesia e enfrenta um momento de alta voltagem conservadora. De novo, uma poesia que surge aparentemente sem aviso prévio, como uma surpresa, sem grandes antecedentes, e imprime sua dicção particular na cena literária e política.

Ao que tudo indica, essa poesia reverbera, ainda que nem sempre explicitamente, o levante feminista jovem iniciado nas marchas de junho de 2013 e intensificado em 2015, com os protestos contra a revogação do PL 5069/2013, que dificulta o aborto legal em caso de estupro. Um novo feminismo avesso às lideranças, profundamente conectado, que se faz pela lógica do compartilhamento e da identificação política, mas, sobretudo, afetiva.

Por optar por esse recorte específico, o panorama da poesia escrita por mulheres hoje não está representado aqui.

Diferentemente de suas contemporâneas mais reconhecidas, como Ana Martins Marques, Alice Sant'-

Anna, Bruna Beber ou Marília Garcia, para essas poetas que experimentam o éthos pós-2013, se dizer feminista e trabalhar sobre e com o próprio corpo já parece corriqueiro. Hoje, torna-se mais do que evidente a diferença entre a poesia feita por mulheres e aquela feita por homens, sem que as mulheres tenham que recorrer ao "eterno feminino". Enfim, realiza-se o desejo de Ana Cristina Cesar de "não silenciar sobre temas de mulher" e o que a poeta Angélica Freitas, em *Um útero é do tamanho de um punho*, propõe sobre a escrita da mulher e de seu corpo.

Imbatível nesse sentido é a poesia de Adelaide Ivánova, quando descreve o exame pericial por que passou depois de ser estuprada. Diz ela no final do poema "O urubu":

> [...]
> *e decidindo diante de minhas pernas*
> *abertas se depois do*
> *expediente iam todos pro bar*
> *o doutor do instituto*
> *de medicina legal escreveu seu laudo*
> *sem olhar pra minha cara*
> *e falando no celular*

Assim, o diferencial das novas poetas me parece ter sido a conquista de um capital inestimável: um ponto de vista próprio e irreversível e o enfrentamento sistemático do cotidiano, dos desejos e dos custos de ser mulher, já bem distante do que se conhecia como linguagem e/ ou poética de mulheres. A nova experiência com a linguagem é a consequência imediata dessa conquista.

Nesse contexto, o corpo e sua fala ganham terreno progressivamente: o corpo — seus direitos, seus sentidos, seu alcance — se expressa sem muitas voltas, numa dicção direta, talvez até agressiva, mas sempre procurando novos instrumentos de linguagem, métodos criativos, a garganta profunda da poesia. É nesse diapasão a violência expressiva da poesia de Bruna Mitrano:

> *puta que pari um bicho morto*
> *risco indócil na coxa*
> *barulho oco dos coágulos esbofeteando a água da*
> *privada*
> [...]

Essa temperatura poética se mantém num grande número de poetas, como é o caso, por exemplo, da quase natureza-morta desenhada com tintas fortes por Valeska Torres:

Pombo morto

[...]
as cutículas sangrando espirrando líquido vermelho
                                             [*tudo é dor*
dentro as unhas se quebram a cada soco dado nesse
                                           [*punho que é meu*

> *desespero essa fala comprida esse wifi torres 123*
> *[minha bolsa bege*
> *aquela carteira de trabalho rabiscada os seios com*
> *[estrias brancas e*
> *largas são minhas as estrias essa vulnerabilidade o*
> *[cotovelo cicatrizado*
> [...]

Conquistado um ponto de vista próprio, as poetas atuam não apenas a partir de novos eixos temáticos, mas, sobretudo, a partir de uma evidente interpelação formal e semântica das regras daquilo que é reconhecido como boa literatura. São muitos esses exemplos. Para escolher um simples e direto, cito as alterações de concordância de artigos em dois títulos: o primeiro, o livro *O crise*, de Liv Lagerblad, e o segundo, o poema "amaluna, amar a poema", de nina rizzi.

Ainda nessa linha, um exemplo interessante é o uso da rasura em Maria Isabel Iorio:

> COMO ~~ESCAPAR EM CASO DE INCÊNDIO~~
>
> ~~Toque a porta com~~ a mão. ~~Estando fria, abra vagarosamente~~
> ~~ficando atrás dela. Se estiver~~ quente, ~~vede~~ as frestas por onde entrar ~~fumaça com panos~~ molhados

Este poema — um texto originalmente normativo para fuga em caso de incêndio —, através de rasuras, ganha sentidos fortes, sensuais e, ironicamente, nada normativos. A rasura, instrumento gráfico que evidencia a busca do texto correto, permitido, desejável, lembra o que foi dito e cortado, excluído, o que sobra.

No que diz respeito à introdução definitiva dos "temas de mulher", o parto surge recorrente em vários formatos e cenários. Exemplo disso é a poética que nos toma de surpresa de Marília Floôr Kosby, cujo livro *Mugido (ou diário de uma doula)*, é um registro poético e brutal de partos, nascimentos, violências, espanto, animalidade:

> *angélica,*
> *o parto de uma vaca*
> *não é uma coisa*
> *simples*
> *envolve um útero*
> *imenso*
> *que rebenta*
> *e frequenta não raro*
> *o lado de fora*
>
> *um rebento imenso!*
> [...]

A menstruação também é cantada em vários diapasões, como na poesia sem disfarces de Ana Frango Elétrico:

cólica

A TORNEIRA PINGA
O SANGUE DESCE
MEU HAMSTER INTERNO CORRE
E ME ACORDA
[...]

Assim como o aborto, o corpo do homem, o desejo por outra mulher e o cotidiano doméstico são temas preferenciais dessa poesia em busca de uma dicção que dê conta de tanto sentimento, tanta falta de ar silenciada. Leia-se Ana Carolina Assis, na cozinha, em plena atividade doméstica:

bicho sem mar

a coisa é simples primeiro
arranca a casquinha e raspa
precisa uma faca pouco amolada velha
e que o caldo escorra pelos braços
depois o corpo todo tanquinho
compartimentado
feito de duas abas brancas
        coração é coisa que desmonta
        feito caixa de siri cozido
[...]

São muitas as mulheres que escrevem hoje. Mulheres que falam. Mulheres que fazem boa poesia.

Como nos movimentos feministas jovens, a nova poesia de mulheres não reflete apenas a produção individual de cada poeta. Ela se faz em coro, em ressonâncias. Lembra e não lembra o "poemão" que Cacaso identificou na prática da poesia marginal dos anos 1970. Lembra porque, como Cacaso observou, vista em conjunto, a poesia daquela hora parecia um só poema. Da mesma forma, ao ler esse segmento feminista da poesia de mulheres hoje, também sinto um éthos comum (sem falar de certa dor comum), que se expressa numa sucessão de ecos ligando uma poeta à outra.

Por outro lado, não lembra, porque, ainda que os dois contextos sejam ultraconservadores, não estamos mais sob a pressão da censura do governo militar de 1964, e nosso novo poemão de mulheres pode falar de forma direta em alto e bom som, o que faz com maestria. Outra vantagem do nosso poemão é que, de forma bem mais rica do que seu antecedente, essa sintonia inclui muitas vozes fora do eixo dominante, heteronormativo e branco: são vozes lésbicas, vozes negras, vozes trans, vozes indígenas, interseccionais.

Além dessa sintonia fina, em que pese sua heterogeneidade formal, vemos que essa poesia, por sua própria natureza de ter sido historicamente silenciada, desenvolve uma série de estratégias em forma de iniciativas articuladas e coletivas. São blogs, hashtags, sites, coleções, coletivos, editoras independentes, antologias, muitas antologias. Não consigo dar conta dos muitos exemplos que existem nesse sentido. Cito aleatoriamente Disk Musa, Leia Mulheres, Mulheres que Escrevem — que se desdobra em Mulheres que Traduzem, Mulheres que Editam, Mulheres que Pesquisam — e Queridas Poetas Lésbicas, encontros nacionais como o Mulherio das Letras ou até mesmo a criação de um ponto de encontro, divulgação e produção, como a Livraria Baleia, em Porto Alegre, que articula os movimentos feminista, lésbico, negro e trans em torno da literatura.

Outra frente bastante importante dessa poesia é a enorme produção de leituras e performances públicas em saraus e, hoje, mais diretamente, em *slams*, que vêm se tornando uma frente vigorosa de atuação da poesia feminista. No *slam*, a ideia é produzir uma poesia mais direta, mais forte, que promova escuta, que interpele, que incomode. Ou, como diz Luna Vitrolira, poeta do Recife, é a prática de uma "poesia de mensagem", potencializando o caminho aberto pelo rap.

Nos saraus, a oralidade e o corpo se tornaram significantes poéticos; já o *slam* radicaliza essa relação na medida em que é uma batalha de poesia, e, portanto, competitiva, o que faz com que naturalmente a intensidade performativa seja estimulada. Luiza Romão, uma das mais proeminentes poetas de *slam*, é quem melhor diagnostica essa prática. Ela me disse: "O *slam* foca no poeta e seu dizer (métrica, recursos linguísticos, contundência) e torna a corporeidade da fala tão importante quando o conteúdo emitido. Tal dinâmica propõe uma nova estética da palavra: no *slam*, as poesias não se desvinculam da performance, criando um limiar entre literatura e teatralidade". O *slam*, de certa forma, faz lembrar a poesia em seu início, quando a palavra era indissociável da música e da performance do poeta.

Entendendo que essas poetas não merecem estar confinadas na apresentação convencional de um livro impresso e respeitando a estética da poesia do *slam*, escolhi apresentar, neste livro, o registro ao vivo de suas performances, que podem ser acessadas através de um QR Code. Para todas as poetas, deixamos o microfone aberto.

AS 29 POETAS HOJE

Adelaide Ivánova
(Recife, 1982)

o urubu

corpo de delito é
a expressão usada
para os casos de
infração em que há
no local marcas do evento
infracional
fazendo do corpo
um lugar e de delito
um adjetivo o exame
consiste em ver e ser
visto (festas também
consistem disso)

deitada numa maca com
quatro médicos ao meu redor
conversando ao mesmo tempo
sobre mucosas a greve
a falta de copos descartáveis
e decidindo diante de minhas pernas
abertas se depois do
expediente iam todos pro bar
o doutor do instituto
de medicina legal escreveu seu laudo

sem olhar pra minha cara
e falando no celular

eu e o doutor temos um corpo
e pelo menos outra coisa em comum:
adoramos telefonar e ir pro bar
o doutor é uma pessoa
lida com mortos e mulheres vivas
(que ele chama de peças)
com coisas.

―――

a moral

poderia escrever
um poema
de amor
para o
fato de
que atravessamos
todas as ruas sem respeitar os semáforos eu

vejo um
atrevimento de
sua parte
não ter
medo de
morrer sua

certeza que
os carros vão parar para você passar eu

pararia eu
ainda paro
fico olhando
fingindo não
olhar na
contraluz os
seus ossos
seus pelos
não aparados
o seu pau que não chupei porque você não deixou

alegando não
moral mas
sei lá
o que
esqueci estava
bêbada mesmo
assim dormiu
nu bem
aqui quando
levantou vestiu a calça sem cueca quisera eu ser esse
[jeans achei

que depois
de cruzar
todos os
sinais fechados
ao seu

lado arriscando
minha vida
teria o direito de chupar seu pau até amanhecer mas

a única
coisa sua
que comi
foi uma
mozartkugel nojenta
com recheio
de marzipã.

o marido

de repente do riso fez-se
Humboldt de jeans e descalço
como eu gosto
e das bocas unidas fez-se
porra nenhuma porque não houve
bocas unidas
e das mãos espalmadas
fez-se um high five
fez-se do marido próximo
um amante fez-se do amante
um marido esperante
e não foi de repente:

o marido se casa.

o cavalo #1

> *I look
> at you and I would rather look at you than all the portraits in the world
> except possibly for the* Polish Rider.
> Frank O'Hara

menino há dias tento desenrolar esse fio esse laço
desatar essa corda do meu pescoço e escrever
essas mal domadas linhas ofertá-las a ti menino e
                                                [potro
surgido nesta estepe sem ferradura e assilvestrado
tirando os cowboys da sela e do sério: tu
menino poeta cavalo

e eu repetitiva nos poemas obcecada na vida
me embaralho feito cego em faroeste
te ofereço meu açúcar meus torrões mais
pra pangaré ou mula que pra égua e relincho,
amolestada e paleolítica, ao sacudir do teu galope
e ao balanço da tua crina

em repouso do topo da tua cabeça à minha
há um côvado de distância já em galope gallardo
é inútil a antropometria pois da tua glande a meu
                                                [chanfro
de equina não há côvado que nos meça yoctômetros

talvez aquela medida imaginária que nunca foi usada
pois mede lonjuras que não existem de tão mínimas

escrever um poema pra ti é domar um mustang
de santuário quando pra mim santo és tu menino
vishnu que me batizas de aminoácidos, precário
e matutino, potro poeta e menino a quem dedico horas
de trabalhos não forçados: pousar a fuça exausta
em tua soldra, levemente triste

de não poder ver tua cara enquanto gozas na minha
para depois admirar tuas quartelas bordo e casco,
tuas estrias no lombo de potro bem alimentado
                              [crescido
mais rápido que o previsto. pulaste as cercas do
                              [estábulo
para chegar, poeta e cavalo, nestas paragens onde
me encontras pronta de sela, esporas postas

para mais uma doma nesta sodoma aos avessos
sem cabresto nem gamarra deito-me devota em teu
                              [garrote
de puro-sangue belga e muda diante dos músculos
do teu costado aguardo brião e tala e entendo
o poema alemão que diz: toda a sorte que há
no mundo vem no lombo de um cavalo.

desobediência do estado civil

que se faça essa reforma
meu deus que me importa
e se tanto te importa vai
faz aí tuas revoluções
aproveita e faz também por mim
as minhas malas que eu não consigo
que tô de ressaca enfia por mim
minhas coisas nas caixas
faz teus votos de cassação
ou castidade que pra mim
dá no mesmo eu não ligo

vai muda o nome no contrato
um nome é só o que se gasta
da tinta da caneta: um mililitro
um papel não muda muito
a vida a casa
vamos e venhamos
quanto mais você quer
apagar meus rastros
mais você confirma
que eu existo

pode brigar sozinho pelos
pratos pelos impostos
sonegados ninguém
vai me vaiar anyways
quando eu sair pela porta
da frente com uma mão atrás
e outra fumando

eu só fico
impressionada com uma coisa:
tudo se ajeita a vida segue
com golpe ou sem golpe
com ou sem sete de setembro
jajá estaremos acostumadíssimos
que horror
já saber se a vida segue
sem você isso eu
não sei
mas hoje não vou protestar
vou dormir

Em viva-voz:

Maria Isabel Iorio
(Rio de Janeiro, 1992)

dados

1.

Não atendo as ligações mas estou sempre viva.

2.

Me fascina toda máquina que não seja eu.

3.

Sobrar, nas margens, como um mindinho.
Levar porrada por isso.

4.

Não é sempre que o corpo quer ser um corpo. E às vezes não é preguiça — mas uma coragem instantânea.

[...]

6.

Sou um leão.
Descobri ontem.
Não tenho nome — também não quero
ser mais chamado pra nada.

Estou rosnando e é tudo
muito novo, compreensível.
Estou bem.

Quando cruzarem comigo na cidade
façam carinho na minha juba.
Cantem uma música pra eu dormir.

estudo da tração na sutileza da diferença

1.
uma mulher molhada
sobre uma mulher molhada
é audível, sólido

2.
uma mulher sobre outra mulher
não é preliminar é pré
histórico

3.
uma mulher
para amar uma mulher
é preciso comer com as mãos

4.
uma mulher
para amar uma mulher
é preciso cortar as unhas

5.
colar a trajetória no epicentro:

uma mulher que ama uma mulher aprende a lamber
[as coisas
por dentro.

▬

se eu te deixar
um zumbido, um continente
te deixar água no ouvido
a minha escova de dente
te deixar na mão, alguns dedos
como atalho de um frio de maio
se eu te deixar um desenho nas costas
todas as minhas forças, buracos, saídas
te deixar apostas
uma frase doce dando
formiga

▬

Um homem é feliz com documentos.
É sempre perigoso: um homem que fala inglês.
Um homem que fala.
Um homem.
Hoje começa o inverno.
Marcus Vinicius foi morto ontem pela polícia
enquanto ia apressado à escola, na Maré.

Marcelo ateou fogo no porteiro de seu
prédio, Jefferson, depois fugiu, calmamente.
Eu estou sem roupa, de óculos.
Não sei como arquivar uma montanha.
É o dia mais curto do ano.

Em viva-voz:

Ana Carolina Assis
(São Gonçalo, 1991)

aos 16 parou de tocar piano os pássaros
e a geografia dos homens

para a joana

a luz laranja
atravessava a pedra
era impossível

sobre a rocha gigante
detrás do vidro
antes da fome

da rocha aparente
manchada laranja

não sei se musgo
líquen raiz

criavam liga
e uma pedrinha
equilibrada
era impossível

e seria preciso
derrapar o carro
perder o olho
a liga
e as pontas

você dizia dos pássaros e da geografia dos homens e
que estudou piano com a vó embora tenha parado
aos 16

uma pedra sobre
a rocha gigante
sustentava a queda
d'água o abrigo dos
pássaros lentes

que só funcionariam
caso parássemos
o carro

coisa que não fizemos
pela mínima fome
que nos acometia

você dizia da acidez extrema entre as coxas e das vitó-
rias-régias e do pincel mergulhado na sopa de cores
trocadas e que viveu aqui desde os 11

a pedrinha sobre
o fundo laranja

nos olhava
fundo

e dizia eu não sou daqui
como disseram muitas vezes
aquelas mulheres

———

olho de boi

meu cheiro ocre aponta
a espessura da carne
maior que a sua

se não tomasse o nome do meu olho a planta
o seu feitiço não funcionaria

sua corda prende a primeira hora
e retira da carne
o trato das suas crianças

se não tomasse o nome do meu olho a planta
o seu feitiço não funcionaria

trato sua terra com patas largas
que me dão caroços
e fruto à sua burocracia

se não tomasse o nome do meu olho a planta
o seu feitiço não funcionaria

▃

mariana

groselha rala das lancheiras
na garganta
            caramelo viscoso de rio
carne pouca pra tanto lodo

a criança
olhos de gafanhoto
            água às vezes deixa um cheiro de
                  [bicho nas coisas
            bicho — água que escorre dentro
                  [d'água
            estufando piso e farpa dos móveis
as coxas — malha puída de nova
que uma barba crespa
rasga
e carrega nos ombros
.
parecem bombas a mãe dizia
parecem bombas de sucção a mãe dizia
os ralos regurgitando carne e atraso pros jantares
devolvendo a gelatina das coisas

exigindo dos tijolos o que eles não tinham
parecem sangue do meu sangue a mãe dizia

bicho sem mar

a coisa é simples primeiro
arranca a casquinha e raspa
precisa uma faca pouco amolada velha
e que o caldo escorra pelos braços
depois o corpo todo tanquinho
compartimentado
feito de duas abas brancas
              coração é coisa que desmonta
              feito caixa de siri cozido
entre uma e outra
a gordura é verde-alaranjada
é a parte nobre forte do bicho
mas alguns restaurantes aceitam apenas
a parte branca
das abas e das perninhas
que chamamos unha do siri
que quebramos por último porque
são duras demais fincam
o meio de nossos dedos faz
calo casco

o caldo escorre pelos casacos
das adolescentes doidas por um trocado
debruçadas sobre a caixa úmida
o caldo
entra pelas unhas da vó verdes e ocas
muita micose
um quilo de siri agora custa
cinquenta reais
em ipanema

uma criança debruçada
sobre a caixa úmida
aprende a falar
shhhh
quebra as partes inúteis do bicho
rasga a pele frágil da mãozinha
shhhhh
tenta falar
siri

———

ultimamente quando
pego coletivos
tenho muito medo
a cidade anda tão estranha
eu morro de medo

de que fungos
me ressequem
um dedinho
e ele fique ali
craquelado
vivendo comigo
vivendo com os outros
dedos
tenho sentido tanto
calor entre os dedos
tenho suado tanto nas mãos
tenho achado tão
cortantes as ruas
e tenho tentado tanto
arejar os dedos
quem me vê
num ônibus do méier a botafogo
pode facilmente capturar um
gesto assim:

Em viva-voz:

Elizandra Souza
(São Paulo, 1983)

Em legítima defesa

Só estou avisando, vai mudar o placar...

Já estou vendo nos varais os testículos dos homens,
que não sabem se comportar
Lembra da Cabeleireira que mataram, outro dia,
... E das pilhas de denúncias não atendidas?
Que a notícia virou novela e impunidade
É mulher morta nos quatro cantos da cidade...

Só estou avisando, vai mudar o placar...

A manchete de amanhã terá uma mulher,
de cabeça erguida, dizendo:
— Matei! E não me arrependo!
Quando o apresentador questioná-la
ela simplesmente retocará a maquiagem.
Não quer estar feia quando a câmera retornar
e focar em seus olhos, em seus lábios...

Só estou avisando, vai mudar o placar...
Se a justiça é cega, o rasgo na retina pode ser acidental
Afinal, jogar um carro na represa deve ser normal...
Jogar a carne para os cachorros, procedimento casual...

Só estou avisando, vai mudar o placar...

Dizem que mulher sabe vingar
Talvez ela não mate com as mãos, mas mande
[trucidar...
Talvez ela não atire, mas sabe como envenenar...
Talvez ela não arranque os olhos, mas sabe como
[cegar...

Calar o grito e gritar o silêncio

Entoa a canção...
Harmoniza os passos descompassados
Pulsam: a voz, a vida e a rima
As crianças ouvem o silêncio das palavras
Os homens insultam os gritos das crianças
As mulheres desejam os silêncios e os gritos
Os gritos e os silêncios...
Neste ritmo...
O silêncio...
O grito...
O silêncio...
O grito...
O silêncio...
O grito...
No fundo elas vão calar o grito

E gritar o silêncio
Calar o grito!
Gritar o silêncio!

Palavra de mulher preta

Palavra de Mulher Preta
Mulher preta de palavra
Preta de palavra
Palavra de Preta

Lava alma preta
Palavra sagrada de mulher
Se a minha alma é preta
E a minha sociedade não me aceita
Minha palavra sagrada sangra

Palavras que nos irmanam
Separam o joio do trigo
… o barro do rio que decanta
… encantam os versos da preta
… palavras que declama

Clama, canta, encanta
De-cantaremos o preconceito
Até que ele reme para o longe

Fique sem eira nem beira...
Vá para o ontem...

Palavra de mulher preta
Mulher preta de palavra
Preta de Palavra
Palavra de Preta

Universo das saias

Saias!
Saia!
Aia!
De saias, elas despem as aias!
Arrumam o turbante
Sai com os olhos brilhantes...
Despedem da mucama...
Com um tapa estralado na face da Sinhá!
Ela passou de Aia a universitária!
Saiu dos cômodos do lar para os caminhos das
                             [alamedas
Saia, que a mulher de saias, além de passar,
                             [permanecerá

Em viva-voz:

Renata Machado Tupinambá
(Niterói, 1989)

Matriarcal cunhã

Vocês acham que podem me ver?
Vocês acham que podem me ver?
Sou penumbra
luminosidade
o canto do povo e sua liberdade
na mão carrego afetividade
sou o sangue que jorra da rua, fazenda e comunidade
seu coração sangra de mentira
o meu é morto todos os dias e renasce
não sou a índia potyra
sou Aratykyra
então pode atirar
uma arma na minha cabeça
não foi capaz de me matar
eu disse atira, atira
não importa quantas vezes eu tombar
sempre vou retornar
sou as marcas da violência
sou as cicatrizes de viver
sou o espelho de justiça da terra
não da igreja

sou tempestade que vai destruir o concreto
e os frios olhares da cidade
não sou o sono dos justos
não durmo
sobrevivo por todos prisioneiros do afeto
sou todos que sentem dor, amor, raiva, compaixão
sou quem caça os senhores de escravos
sou todos que queimam e explodem nos cemitérios
                    [clandestinos da omissão
exterminam e comem gente viva
acham que podem costurar o tamanho da ferida?
esperam que sejamos passivas, calmas, obedientes,
                    [silenciosas

mulheres não são humanas
são onças, serpentes, águias

eu sou um animal não domesticado
não faço o que querem
sou devota do que desejo

difícil de seduzir ou induzir
eu teço a teia dos sonhos
sou uma guardadora de sementes
árvore antiga de pé
Ainda Aracy, mãe do dia, do amanhecer dos pássaros
sou a fé que carregam no peito, para cantar, gozar e
                    [sentir
eu compartilho encantaria
é preciso saber me invocar

para fazer o mundo como conhece desabar
eu estou fora do tempo
não tenho tempo
tenho uma faca apontada para os meus olhos.

Dom das constelações

Sei que sou o alvo mas as balas não me acertam
Do seu sistema não serei refém
acreditei na força do meu povo e fui além então vem

Mais de um milhão me representam
A dor de todos filhos excluídos
os bastardos da nação para quem querem dar ração
conduzem o povo a um labirinto de armadilhas em
                            [um falso progresso
pelo controle da prata e do ouro
ainda estamos na colônia sim
tudo é dim dim
não sou cega
não sou surda
não sou muda
não me abusa
não me usa
feridas abertas foram deixadas pela humanidade

apartheid
nazismo
genocídio
colonização
sem equidade
sem justiça social
não existe igualdade
digo sim à pluralidade
nos querem sem identidade sem memória para que
                    [não possamos viver a verdade
fruto de autonomia e vida em harmonia com o bem
                    [natural
parte do que somos
Na senzala, favela, cidade ou aldeia
meu coração é natural da terra
reformatórios, orfanatos, igrejas, estado, nem prisões
podem prender as batidas de seu som
é um dom originário vindo das constelações
o maracá e as árvores seu santuário
que sobrevivem em um mundo ordinário

vocês querem dominar meu imaginário
mas meu pensamento é semente embrionária
então não venha com sua maquinária
a sabedoria é ancestral não doutrinária
desse sistema não quero ser funcionária
crio minha própria culinária

Retomada originária

Vamos falar da verdadeira história, que os coloniza-
[dores escondem
nas estátuas erguidas por todo brasil, a pátria que não
[nos pariu.

Carrego a memória de um povo,
as muitas vozes dos meus avós,
meu destino é ser onça?
vivo e respiro com meus antepassados
os velhos retornam para cumprir seus destinos
da amazônia ao pará, do pará a salvador, de ilhéus ao
[rio de janeiro
por todo litoral
somos tuba ypy abá
somos tupinambá
os primeiros
uma grande família do tronco tupi
prazer me chamam de aracy
sou ara tykyra do clã de Maria Laurinda da Conceição,
morta com uma bala no peito
Na nossa pele dizem que mestiçagem pode ser um
[defeito

recebemos muitos nomes ao longo da caminhada em
[busca de uma
terra sem males
os verdadeiros heróis foram esquartejados
e até em paredes seus ossos cimentados
No cais eu vi pretos novos
jovens trazidos de longe que nunca mais viram suas
[famílias de novo
fizeram de todos os dos povos originários objetos do
mundo novo
fetiche de antropólogos, missionários e romancistas
hoje apenas o currículo lattes dos grandes especialistas
no porão da ditadura
guardam segredos
os setes pecados do indigeanismo
do serviço de desproteção ao índio
encontrado no relatório figueiredo
de extermínios, roubos, estupros, mortes e torturas,
[daqueles que não tiveram medo.
embaixo e em cima dos concretos vozes desejam
liberdade mas alguns religiosos agem com iniquidade
[apesar da idade
o sono é apenas dos justos.
a insônia é dos mutilados
a terra geme um grito abafado
as paredes são muros de pele e ossos
o que os políticos querem é comprar os seus votos
o crochê deles é feito com pedaços de muitos corpos
assassinados pelo legislativo, judiciário e executivo

do brasil
pátria que não nos pariu

abro a mordaça
rasgo a couraça
quebro o concreto
tenho fome de essência
faço da cultura minha ciência
nossa raiz é resistência e identidade
voz um caminho para a liberdade.

Bruna Mitrano
(Rio de Janeiro, 1985)

semente de abóbora cura solitária
quem não é
que tem estômago pra lembrar de ser menina
mãe de leite de vínculos me perdi
no desamparo ela ouviu de novo
a panela de ferro
o grunhido do porco que demora pra morrer
com o facão enterrado no couro
sangra cada dia da idade dos homens do cafezal
os que comem até os intestinos
e têm rasgos na cara mas
dentro da botina a sola é tão fina que dói.

---

sentei perto dos urubus
o homem que passava disse
eu tenho nojo de você
expliquei a ele que os urubus
procuram na carcaça
as partes moles e quentes
ele deu as costas xingando
e sacudindo as mãos

olhei pros urubus
eles também me olharam
complacentes com aqueles
olhos sem branco
o homem o seu corpo inquieto
era como o animal que
esperneia antes de morrer
sabíamos no entanto que ele
não morreria que ele estava
mais vivo que nós que não
temos mãos nem pedras
nas mãos pra atirar em quem
nos causa repulsa apenas
alguma intuição de encontrar
partes moles e quentes.

▬

nasci com dentes podres
coisa de família
minha avó ficou banguela aos 26
os tios todos têm dentadura
criança diziam tão bonita mas assim
não vai arrumar namorado
eu não queria arrumar namorado
arrumei nove ossos quebrados
ossos fracos coisa de família
disseram bruna você parece que pode

partir ao meio a qualquer momento
eu quebrei muitas vezes
mas ninguém quis ver
que não quero namorados
e que meu mau hábito de não escovar os dentes
é porque nunca paro de comer
porque o que sinto não é fome
é o sentimento da fome que talvez seja
coisa de família nunca entendi
o que é essa coisa de família.

▄▄▄▄▄

quando você chega à idade
que te permite entrar
em novos cômodos
que te permite entrar
no banheiro com banheira por exemplo
descobre que as paredes da casa
da patroa não são tão brancas
quanto você acreditava
quando brincava com medo
de sujar as quinas
ou a bancada de mármore —
você pensava é uma grande pedra preciosa
quem dera eu tivesse um pedaço
de tudo que eu posso tocar
com a mão lavada

quando você chega à idade
que te permite
embora o corpo inexperiente
o braço fraco ainda
estender o edredom com peso de dois
do patrão com peso de dois ou mais suores
descobre marcas quase invisíveis
como manchas de iogurte
que nem a máquina de lavar
nem a mão grossa da sua mãe
conseguiram apagar

quando você chega à idade
de recolher as toalhas usadas
vê o encardido nas pontas
e percebe
esfregando as toalhas
(parecem de pelúcia)
no rosto
(parece de criança)
que sua mãe está velha
pra satisfazer os desejos dos donos
da casa e que logo será você
a satisfazer os donos
da casa que dizem é também sua
mas que você nunca conheceu inteira
nem nunca subiu na cadeira
brincando de a mestra mandou
coroada de raízes do quintal —
a cadeira, o chão, as paredes, os cômodos todos
sujos de terra.

2 de julho de 2019*

pra Érica Magni

na noite passada eu vi
um homem sem cabeça
não um ser mitológico
nem um desses zumbis de seriado
um homem que sangra
decapitado na Vila Kennedy
um homem de peito aberto
sem metáfora ou outra figura de linguagem
que emprestasse beleza (ainda que dessas
belezas terríveis) à imagem
do homem de coração arrancado
e enfiado na boca — a cabeça um ser
independente de
nervos
músculos
vértebras
apoiada sobre a barriga
como um porco à pururuca de desenho animado
a maçã perfeitamente encaixada
a maçã exageradamente vermelha
colhida no próprio corpo
estirado no asfalto
na noite passada eu vi
e ver pode ser pra sempre

o homem morto
com a cabeça solta
o peito aberto
e o coração entre dentes
as partes todas
remontadas
como numa instalação artística
na noite passada eu vi
e senti (o coração na boca)
uma dificuldade de respirar
que ignorei em respeito à mãe do morto
(ao coração arrancado da mãe do morto)
e a todos que conhecemos o terror
por dentro —
não foi na noite passada
que ela disse: olhando de longe
a favela parece até uma árvore de natal.

* Todos os direitos de imagem reservados ao Comando Vermelho, facção criminosa atuante na comunidade Vila Kennedy.

Em viva-voz:

Rita Isadora Pessoa
(Rio de Janeiro, 1984)

feixe

há que se engolir os dias
excessivamente luminosos
dilatados em horas
de baunilha azeda
e café solúvel

o calor em si
não elimina
a consciência do medo

essa é a suave ironia
de qualquer veranico
esticado no inferno

há que se incutir
   lentamente
 l e n t a m e n t e
a decisão dos dias
       de leite

tua lucidez neutraliza
           o mal
mas não dissipa
o *aftertaste* metálico

que decanta
do flagrante

indesculpável
de uma vida
cingida no
perímetro alado
de um falso
medo

▬▬▬

**palavras que adianto; arrisco; risco;
hesito para seguir adiante 1**

    desejo é
um equipamento de mergulho

               para um elevador
                 em queda livre:

*

a dúvida é se esquadrinho o vulto,
circulo a trajetória,
sob que o signo,
escafandro ou sereia?
não me decido, não me decido.

*

            escalo o vento em etapas

                desço em vertigens, em aporias,
                  minhas palavras deliram
                    no cadafalso do corpo
                    dançando valsas e polcas
                        ao som do sal.
                      sobre lâminas
                magnânimas e moventes,
              uma superfície de artifícios
          me encerra toda em dentes, pele,
                          pelo e
                          nervos,

mas não caibo.

---

palavras que adianto; arrisco; risco; hesito para seguir adiante ii

preciso que você saiba
que não há garantias
não mais do que
flancos de águas ou ilhas
submarinas nos darão
posso te dizer que
de onde venho as pessoas
são ravinadas no sal
das planícies em curva
preciso que você
saiba do medo
descomunal
que sinto, te dizer
dos demônios que conjuro
para que você possa sobreviver
aos dias e aos domingos
eu poderia te contar
que adivinho as suas

pestanas enlanguescidas
depois de um dia de trabalho
que os dedos enrugados
me comovem
mais do que a água
que profetizei nossos
filhos gêmeos
na noite em que te conheci
e que tenho medo

eu contaria
até dez
duas, três vezes
até passar o susto
de te ter tão perto
sob esse risco circular
de devorar
o seu coração leonino
com as minhas vespas
acidentais

dizer que eu te desejo
mais
mais do que deveria

e que tenho medo

eu, olga hepnarová

é verão em praga
e o ano é 1973.

[você,
olga misantropová, com seu figurino de caminhoneira nouvelle vague, suas calças de veludo cotelê e a jaqueta de couro craquelada, você, anna karina psicopata, ainda que visionária, você ignora o óbvio

: o avesso do amor não é o ódio]

    é verão em praga
    mas faz ainda muito frio
e o avesso do amor é o coração terminando de bater de encontro ao asfalto, fraturas expostas, intestinos a migrar da cavidade abdominal como uma corda autônoma que sabe exatamente o destino que lhe é devido: o pescoço que espera a quebra
    de parágrafo,
o cadafalso que espera
    a quebra   do pescoço
  com a corda na mão.
[corta para] o caminhão de olga estacionado na calçada; a fileira de corpos estendidos como uma oferenda satânica, mas você não é satânica, olga, você é uma assassina em massa e isso é diferente. satânico é

outra coisa. planejar um assassinato simples requer
um engodo fundamental, um paralaxe, e você
escolheu ignorar que o avesso do amor
não é o ódio.

é verão em praga
    e faz frio;
o avesso do amor
se faz por meio de grandes colapsos,
colisões no concreto, no asfalto,
um embotamento brutalizado,

e você, olga hepnarová,
espera seraficamente
    a polícia;
a bolsa no colo,
sentada em seu caminhão

você, a autora dessa carta perturbadora
para as gerações que virão:

"eu, olga hepnarová,
vítima de sua bestialidade,
condeno-os todos à morte."

Em viva-voz:

Ana Frango Elétrico
(Rio de Janeiro, 1997)

CÓLICA

A TORNEIRA PINGA
O SANGUE DESCE
MEU HAMSTER INTERNO CORRE
E ME ACORDA

COM O BARULHO DO EXERCÍCIO
DO COOPER NA RODINHA
NO TIC TAC DO RELÓGIO
A AVENIDA PARA

EM MARCHA A RÉ
TODOS BUZINAM,
AO MESMO TEMPO,
UMA ODE AO MEU BUMBUM

(TRÂNSITO AMANTEIGADO)

MEU BUMBUM SENTADO
NA BEIRA DE UM VULCÃO
AO SOM DO CHEIRO
DE BABA

1 PERNILONGO
PARADO
EM CIMA DA UNHA
DO DEDÃO DO PÉ

DA MULHER DE ROUPÃO

peito

me olhei no espelho
pelada
vi minha irmã mais velha
olhei-me como olhava
pra ela
quando nua
nos nossos antigos banhos
compartilhados

antes, no banho
toda molhada
dei um beijo em cada

▬

lorena,

não
consigo
botar a meia
e falar ao mesmo tempo

▬

acordei atrasada
vou chegar chapada no dentista
boto perfume enquanto escovo os dentes
o casaco no elevador;
short listrado
blusa amarela
pego o caderno
giro a roleta;
esbarro no joelho
do cara da primeira fileira
faz cara de choque;
avanço a porta do meio
e alguns acentos;
1 homem me olha nos olhos
outro nas pernas
sento, escrevo;
o cara do olho já viro pernas

confiri pelos lados
fiquei com calor
não tirei o casaco
ainda bem que não tirei o casaco;
olhei pro ponto achei que tinha passado

faz anos que não vou no dentista, cara
deve tá tudo avacalhado. e olha que eu
escovo muito bem os dentes;
fio dental e cia, tudo bem que mais nova
não ligava — tanto — mas hoje em dia

▬

**cuido bem
demais**

      _ no prédio; surtado
      do dentista
      elevadores divididos
      tecnológico
      botão dos dois lados

BRANCO

AZUL, CLARO

VERDE-PISCINA

VOLUME, SOM E COR

CINZA É PRETO BEBÊ
CINZA É PRETO BEBÊ
CINZA É PRETO BEBÊ
CINZA É PRETO BEBÊ
CINZA É PRETO BEBÊ
CINZA É PRETO BEBÊ
CINZA É PRETO BEBÊ

inundações
derrames
psicoderrames
psicoderramados

por peteleco derrubados
derrubados no gramado

céu verde
grama azul bebê
fotofóbicos fóbicos e seus fiofós com
bicos

                    maldita madrugada
                   madrugada derramada

— para de reclamar
— 3 colheres, toddy!
— leite, mexe
— manteiga, enfia o pão na torradeira

      Túneis na garganta de tanto fumar
      normal, aborto natural de amígdalas

———

maldita madrugada
madrugada derramada

hipocondríacos

hipopótamo nu
cu
hipopotando em hospitais
hipocondríacos sempre acabam
em hospitais

pseudoquiatricu
rasteiro
papa cu rasteiro é um

hipopótamo nu

cu
hipopotando em hospitais
hipocondríacos sempre acabam em hospitais

então não senta no gramado

---

transamental

O termômetro da elisa
não ficou muito claro
seu cadarço ficou preso na escadinha
com a calcinha na janela
Deus embolado no pescoço
e deixou a peteca cair

Em viva-voz:

Luz Ribeiro
(São Paulo, 1988)

menimelimetros

os menino passam liso pelos becos e vielas
os menino passam liso pelos becos e vielas
os menino passam liso pelos becos e vielas

você que fala becos e vielas
sabe quantos centímetros cabem em um menino?
sabe de quantos metros ele despenca
quando uma bala perdida o encontra?
sabe quantos nãos ele já perdeu a conta?

quando "ceis" citam quebrada nos seus tcc's e teses
"ceis" citam as cores das paredes natural tijolo
                                [baiano?
"ceis" citam os seis filhos que dormem juntos?
"ceis" citam que geladinho é bom só porque custa 1,00?
"ceis" citam que quando vocês chegam pra fazer
                                [suas pesquisas
seus vidros não se abaixam?

num citam, num escutam só falam, falácia!
é que "ceis" gostam mesmo do gourmet da
                                [quebradinha

um sarau, um sambinha, uma coxinha
mas entrar na casa dos menino que sofreram abuso
                              [durante o dia
não cabe nas suas linhas

suas laudas não comportam
os batuques dos peitos laje com vista pro córrego
seu corretor corrige a estrutura de madeirite

quando eu me estreito no beco feito pros menino
                              ["p" de (in)próprio
eu me perco e peço
por não saber nada
por não ser geógrafa
invejo tanto esses menino mapa

percebe, esses menino desfilam moda
havaianas número 35/ 40 e todos
que é tamanho exato pro seu pé número 38

esses menino tudo sem educação
que dão bom-dia, abre até portão
tão tudo fora das grades escolares
nunca tiveram reforço — de ninguém
mas reforçam a força e a tática
do tráfico mais um refém

esses menino que num sabem nem escrever
marcam os beco tudo com caquinho de tijolo:
pcc! prucê vê, vê... vê? num vê!

que esses menino sem carinho
num tem carrinho no barbante
pensa comigo que bonito
se fosse peixinho fora d'água
a desbicar no céu
mas é réu na favela
lhe fizeram pensar voos altos
voa, voa, voa ... aviãozinho

e os menino corre, corre, corre
faz seus corres, corres, corres...

podia ser até adaga, flecha, lança
mas é lançado fora
vive sempre pelas margens

na quebrada do menino
num tem nem ônibus pro centro da capital
isso me parece um sinal
é tipo uma demarcação
de até onde ele pode chegar

e os menino malandrão faz toda a lição
acorda cedo e dorme tarde
é chamado de função
queria casa mas é fundação

tem prestígio, não tem respeito
é sempre o suspeito de qualquer situação

"ceis" já pararam pra ouvir alguma vez os sonhos
[dos menino?
é tudo coisa de centímetros:
um pirulito, um picolé
um pai, uma mãe
um chinelo que lhe caiba nos pés

um aviso: quanto mais retinto o menino
mais fácil de ser extinto
seus centímetros não suportam 9 milímetros
porque esses menino
esses menino sentem metros
.

▬

deu(s) branco

eu me fiz silêncio
na sua fronte estagnei
pela cor da minha pele
respondeu o óbvio:
preto só nasce de preto

branco desse jeito, ele é mesmo seu pai?
parda assim, ela é mesmo sua mãe?
morena tipo chocolate claro, ela é mesmo sua irmã?

deus
eu continuo engolindo um sapo por dia
já consigo dizer não para alguns sapos
aprendi até a enfiar o dedo na boca
e fazer um estrago no seu tapete

eu tenho acordado de dieta

mas há grito que embarga
vira soluço e inunda
alma adentro

deus
eu ando cansada de ser forte
eu ando cansada de correr
eu ando querendo só andar

se isso aqui é selva
preta, pobre, proletária...
sabe muito bem o que é ser o capim na cadeia alimentar

cultivo o ser poeta e atriz
mas da escola de onde eu vim
eu aprendi a competir
não para passar em testes globais
mas para conseguir um registro na clt

deus
eu sou regada todos os dias

com menosprezo
e sem jeito que sou
me firo
por insistir em plantar amor

e se ainda assim algum dia:
eu retroceder as escadas
e devolver a sua tirada
com um tapa na cara
dirão: — exagero
mas só eu e minhas irmãs sabemos
o que é vestir preto o dia inteiro

eu não queria te questionar deus

mas eu passei a vida a ignorar
os puxões nos cabelos
e as recusas masculinas

eu não queria te questionar deus
mas eu acreditei
não ser apta para a vaga
e que precisava estudar além do habitual
eu não queria te questionar deus
mas são anos que a história não muda
que são as mãos dos pretos
que ficam sujas de cimento
que são minhas iguais a cuidar dos filhos das sinhás
que sambam na nossa cara
e que acham que eu só sabemos sambar

eu não queria te questionar deus
mas eu ainda sou hostilizada
quando eu ando na rua de mão dada
com a minha namorada
sabe como que é, né
duas minas, pretas, juntas
faz muito "mano" mudar de calçada

eu não queria te questionar deus
eu não queria te questionar deus
eu não queria te questionar deus
eu não queria te questionar deus

mas eu acho
que te deu um branco
na hora que me escolheu
.

lembra

lembra daquele dia
que você passou a mão no meu peito
sem meu consentimento?
eu não reclamei
não foi porque eu gostei
mas porque mais uma vez
o medo paralisou minha espinha

o corpo inerte só chorou no outro dia
quando eu descia a ladeira sozinha

eu lembro
quando pequenininha a culpa foi minha
o shorts um pouco curto
ou teria sido justo o motivo da provocação?
ainda que tivéssemos a mesma polaridade
eu tinha pouca idade pra compreender
que de algum modo
eu mexia com sua libido
você jorrava
enquanto eu derramava um já choro inibido

eu ainda lembro
a primeira vez que um pinto me tocou
eu lia um livro no banco do ônibus
algo quente me surpreendeu tocando-me o ombro
sem entender olhei pra cima e vi
um rosto jamais esquecido sorrir
escondi minha cabeça dentro do peito
dessa vez eu chorei, por dentro
novamente eu não permiti
suspeito que foi a dor que não me deixou reagir

eu não me esqueço
o primeiro cara que por meu consentimento
me tocara por dentro
temendo que eu o fizesse sofrer
contei a ele todo o vivido

lhe entreguei meu amor já corrompido
ainda assim eu senti um prazer desmedido
por descobrir tesão por alguém
nem por isso ele me poupou
e o que ele violou doeu ainda mais
eu descobri que o que ele bateu
[tum tum, tum tum...]
batia

essa carta-poesia-desabafo
é para em falso justificar que:
eu tenho medo de andar sozinha
não é [só] pelo celular
eu temo em deixar esses versos ainda maiores
eu assumo eu já encurtei cada verso
eu omiti muita história
eu brado pra plateia
eu encorajo mulheres
mas eu não durmo sozinha
eu tenho medo do escuro
eu não acredito em pessoas
eu ando rápido e não é por pressa

queria eu queria cair do salto
eu caí muito na vida
a vida cai em cima de mim
feito aquele papel higiênico molhado
do teto do banheiro da escola
eu só queria cair do alto
mas eu vivo baixo

eu quis por quatro vezes cair da cama
eu permaneci lá

eu já me casei
eu me cansei
eu me casei, comigo
cuidado eu me divorcio

eu sou uma bomba
ora explodo em risos
às vezes retribuo a vida
soltando palavras tolas e vazias
ainda não encontrei
e talvez nem encontre o tão citado "eu"
e pra revidar e me esconder
eu finjo ser poesia

vida lembra quando me aqueceu o peito
...
...
...
isso, nem eu
.

ensaio sobre eu em primeira pessoa

com métrica
sem rima
versos brancos
eles diriam
eu digo
versos mandinga

versos de uma boca
que abre menos do que deveria
e acredita que
falar pouco é condensar teorias

ter muita história
pra 3 décadas
fragmentar a vida
e ser poeta

transformar silêncios
em segredo
caminhar
pra transformar dor
em antídoto de sofrimento

combustível pra
combustão que é poesia
dessas feitas em manhãs frias

onde mover os dedos
pra reescrever palavras
seja o movimento das mãos
redesenhando novas linhas
: horizontes projeção

há de se ter peito firme
pra não sucumbir
ao protagonismo
que mais uma vez
me faz perder a vez
não impulsiona a voz

coragem
pra polir a tez
esquecer o dez
porque poeta bom
não ganha nota
vê?

histeria
histórica
essa
minha retórica
torta

poeta bom
poeta morto

eis mais um proletariado
que não rimou
e voltou para o mercado
trabalhou e não foi seguido
eis mais um poeta
sucumbido

poeta bom
repito
poeta morto

às vezes cedo
aos convites
e espero que o tempo
me coloque no momento exato
do revide

poeta bom
poeta morto
e eu me recuso
a morrer
tão cedo
.
mas enquanto não
esqueço que poeta bom
morre
e dou vida a mais um poema
.

assumo:

tenho
p_o_ _ema
de comunicação
.

Em viva-voz:

Danielle Magalhães
(Rio de Janeiro, 1990)

em casa

há um abismo entre o que eu queria falar e
o meu modo de quebrar o silêncio
há uma ânsia de desistir
de falar desisto de procurar sua voz onde
está seu pensamento quando você está
a menos de um palmo de distância um abismo
minha voz e o que treme aqui quantas quebras
há em suas mãos quantas línguas partidas quantas
                                                        [terras
arrasadas eu vou catando as sobras
dos seus desastres por aí por quanto tempo a vida
eu me pergunto por quanto tempo a vida é viver
                                                        [tentando
em busca à espera quem foi que te fez assim por que
eu sinto todos os seus anticorpos todos que eu nunca
                                                            [tive
a resistência dos seus membros a postos
se virando sozinhos pela cidade enquanto
todas as suas vísceras foram deixadas em casa
onde você esqueceu de falar
não há nenhuma voz que te lança
no mundo você não está em nenhum lugar por onde
                                                           [você pisa

você continua em casa nenhuma voz te lança
no mundo você com seu mapa sempre sabe
por onde ir suas pernas nunca estão perdidas
sempre sabem como voltar não há resto nenhum
seu pelo mundo há todas as minhas partes entre
o que eu queria falar e o meu modo de quebrar
há um abismo em que caí tentando
procurar suas partes e não acho
acho que desisto morrerei
em casa escutando o silêncio

---

anticorpos

tenho tentado sobreviver com alguma calma
e bebendo bastante água
sempre tô apertada
com vontade de fazer xixi
e aprendi que esse músculo que a gente contrai quando
                [a gente sente vontade
de fazer xixi se chama assoalho pélvico
deve ser meu músculo mais forte
aquele lá embaixo e que normalmente a gente nem
                        [sente
só quando a gente fica apertado
no ônibus sinto que fortaleço tanto meu assoalho
                        [pélvico
que um dia ele vai acabar estourando

muitas coisas me aborrecem
telefone tocando essa política de merda esse trânsito
me aborrecem enormemente
eu tento ter calma mas o melhor é ir bebendo
água faz tempo
meus anticorpos decidiram
usar a tática da terra arrasada
no meu corpo vira e mexe
eu preciso tomar vacina pra essa coisa
chamada imunidade
a gente é tão vulnerável
às vezes respiro mais fundo
só pra conseguir me manter na superfície
porque se afogar no raso é o fim
da picada é o fim
algo vai acontecer no universo
iremos ver um planeta maior
do que a visão que temos da lua
não sei o que aconteceria mas
isso mudaria todo o eixo gravitacional
caramba
eu queria ver
fico aqui tentando encontrar
mas só vejo notícias de marte
seus filhos poderão viver lá
e sobreviver
é o fim da picada
enquanto eu procurava o tal planeta que você disse
encontrei no brasil 247 o jornal on-line dizia
marte estará completamente colonizado

em 2027 afinal
a exploração está no nosso DNA
veja é o fim
mas ainda tô tentando achar uma notícia falsa
dizendo vamos ver um planeta
e essa visão será maior que a visão que temos
da lua e isso mudará todo o eixo
não se inventa uma notícia dessa todo dia
ou vai ver se inventa
vai ver essa invenção é manifestação do desejo de
                                                    [alguém
que quer muito ver esse planeta
e aí surge essa criação de uma notícia que nunca existiu
melhor que você tenha inventado
acho que vou deixar de procurar
essa notícia vou deixar de procurar até
uma notícia que seja falsa
vai ver foi um sonho
melhor que você tenha sonhado
um sonho faz isso com as pessoas
eu tenho inveja das constelações que sobrevoam a
                                                    sua cabeça
e se ali em cima não é um escorpião
passou a ser
porque você disse
e eu passei a ver
já ouvi dizer que os escorpiões se matam quando estão
                                                  [sob perigo
tão forte que sabem que vão morrer
mas isso é mentira

já procurei saber e vi que isso é falso
o escorpião não se suicida
os músculos dele vão se contraindo
pra gente que tá vendo de fora
parece que ele está enfiando o ferrão em si mesmo
mas são as contrações dos músculos dele
tentando sobreviver tudo é uma ilusão de óptica
pra quem está vendo tudo
de fora pra quem não é escorpião
veja só o suicídio
as pessoas e o modo como elas olham a ilusão
de óptica é que é ilusão eu me recuso
a ler a notícia até o fim eu me recuso
a morar em marte hoje amanhã ou em 2027
não a exploração não está no nosso DNA
meus filhos não poderão viver lá
porque eu nem sei se quero ter filhos
no momento eu só queria ver o mundo
inteiro se possível dentro de um disco voador
mas só um pouquinho
sem demorar muito
há nervos falhando
ao anúncio de sobrevida em 2017
estaremos ainda tentando encontrar
corpos estranhos na terra
tentando encontrar corpos
estranhos aos corpos na terra
tentando encontrar anticorpos
não a exploração não está no nosso DNA

mas noventa por cento do nosso corpo é constituído
[de corpos
invasores
e água
somos todos invadidos
por outros corpos estamos todos entre
a água e outros corpos
você fala
e eu respiro
com alguma calma
enquanto extrapolo limites
do instinto de sobrevivência
retendo no corpo um pulso que bate
na pélvis a realidade é sempre o buraco mais baixo
quando a gente tá apertado de vontade
o buraco é sempre mais embaixo
quando acontece o encontro imediato com o outro
corpo retendo no corpo aquilo que o outro insiste em
[expulsar

―

âncora

eu e minha mania de ancorar um cata-vento
no oceano
e uma conjunção adversativa no ciberespaço
minha mania de prever o passeio das partículas
que não se perdem no escuro

mas que talvez possam atingir a Terra
um dia
minha mania de ancorar um cata-vento no oceano
vai *pensar bem* como marília
disse de K. e suas âncoras
o nível do mar
é um engano como as lambidas de poodle
de maíra bebem o oceano
de ana que sempre abrigou espaços
vazios e nunca navios
a se atracarem por uma
mania de achar que há dois ou três
milhões de pessoas que não mais
assistem aos filmes hollywoodianos
um dia
a mania encontrará
outras fulanas só continuando
a atestar a obsessiva histeria
de sobrevida dos pulmões até que
um dia
a mania
que não é só minha
terá que descer por alguma goela
e parar no máximo no estômago

depois do fim

depois do fim do poema poderia ser o momento
em que finalmente sua voz entraria um sentido
articulando a formação de um abraço ainda não
totalmente encaixado a iminência de um abraço uma
[massa
de som precipitando o momento pelo qual começaria
entrando de qualquer jeito depois do fim
a possibilidade da palavra mas se a palavra jamais for
[dita
a possibilidade da palavra nunca dita como se
nunca tivesse começado como se começasse
por uma exigência por onde tudo se dispersa
enfim dizer e depois de dizer depois do fim poderia
[ser o momento
eu tento escutar o que poderia
estar se precipitando na sua boca as palavras nunca
[chegam porém
não há mais nada a esperar no vazio entre
paredes ocas quantas pessoas neste momento quem
não diz fala comigo um som qualquer
como quem late como quem berra como quem mia
[até
desistir depois do fim o que se precipita no seu corpo
[por onde lateja
a fisgada aguda nos membros

que parte se desequilibra insustentável
por onde você não diz no fim jamais se termina apenas
                                            [se abandona
é preciso dizer assim como quem desiste
começar é um exercício de desistência
como quem desiste de desistir
vamos como quem desiste

Em viva-voz:

Catarina Lins
(Florianópolis, 1990)

no beto carrero eu vi um macaco que ria

desculpa se eu quebrei
o protocolo das fodas
casuais

mas você voltou
pra pegar o livrinho amarelo
do ferlinghetti
e os passos no andar de cima
misturaram-se
com filas quilométricas
de turistas e meninas em camisas
suadas muito
escritas

— é que você não
é gorda
é que eu pensei em sons
que já não lembro mais na volta pra casa
e em objetos
pequenos como peras
fatiadas

e na obesidade infantil
e em você criança
sendo tirado à força dum torneio de xadrez
porque esse método de não pensar em nada
por mais de três vezes ainda é o melhor método,
pra mim

é uma reflexão
pra concluir
depois dum filme
do hal
hartley
— é horrível —
são meditations
for dummies
são sempre os mesmos
lugares
mas melhor seria o filme
em que você descobre a bola
fugida da altinha na praia numa tarde
primaveril
e a devolve ao corpo
esguio de adolescente
marrom com gotículas
de sal, suor
& força
tal foi minha surpresa ao encontrar
entre os edredões de uma bebedeira
uma carta celeste e as 7 marcas
da porradaria.

noutra,
a cidade vazia
espera
há três dias
a carne
apodrecida de fukushima

— somos todos cúmplices
dos mesmos problemas
mecânicos
saindo de santa assim tão
                cedo

ou tarde

ou quando
a luz do pipoqueiro ilumina
dramaticamente
um rosto cru —

existe a distância
e existe o tempo
existem mulheres que são mulheres
e ainda rochas
e paisagens
e tudo mais que se desentranha
      da tarde

como quando você comia repolho
e escavava poemas
que diziam que era assim mesmo:
há amor, às vezes

tyr entre os matrinxãs

you're so tired of being alone é o que diz
al green na tua timeline

é o que dizes num quartinho de hotel na cidade
que nos custa dez reais
por hora

a visão do teu corpo ainda flutua
sobre a avenida getúlio vargas e seus oitis
sobre o vermelho-romã
das águas cheias
      de cauxi

às quatro da manhã
i'm so tired of being alone, também

mas do porto ao caos não leva tanto
do porto ao caos não leva tanto dos teus versos sáficos
não leva ao caos nem às catracas térmicas
e não leva
sobretudo
      aos mercados de frutas neon onde nem
              [lorca nem whitman
compram mais nada

não se vendem poemas aqui
nem pêssegos nem penumbras
nem obscuridades gratuitas

no quarto 108
não exercitas mais nada
muito menos os músculos
da tua alma

e como um jaraqui tentando ficar
nos banzeiros de um rio preto
ou num barco a motor
és o próprio tyr entre os matrinxãs

e como todos os seres maravilhosos
como Maximilian de Malmö

tens de morar a 2854km dessa minha cidade triste
                    [e de suas partes de barco de mar
sem sol
onde faz frio e não temos as formas das nuvens
que o céu pulmonar da tua cidade-mãe tem

ao menos é o que dizem os avisos luminosos

é o que diz teu corpo esculpido com runas
                            [nórdicas querendo ficar

é o que dizem os peixes do rio e os peixes do mar
quando colocados contra a parede dum bar punk
na periferia das grandes cidades do Norte

é o que diz dante tatuado em inglês
no teu abdome magro

▬

teu coração, uma brastemp (preta)

> *Quem lavava os corpos?*
> *Quem fazia/ as orações?*

quando eu surtei na praia do diabo
e você perguntou o que eu achava — *amiga,*

você ficaria com um cara que corta gato morto?

não, amiga, eu não ficaria

mas depende
tudo depende

eu enfrentaria o michael jackson (sic) num torneio
                                [de basquete, sim,
caso essa fosse a tua única ideia e depois
se te deitasses sob os lençóis
pretos

(Marcos,
Mateus
Lucas &)

eu
ou então tu, quando saías do carro
descontrolado, desenrolando a echarpe da Barbie
rosa, azul, incrível —

lembra
como comias sempre
2 cafés da manhã, na índia?

(eu não, porque eu não tava lá,
mas eu vi —

a menina que parece um ventríloquo

ela invadia o meu espaço e eu
o teu

e as tuas críticas eram feitas
todas
na mesa do bar

e havia
qualquer coisa de (   )
na alma daquela —

(como eram mesmo os emails
em que mencionávamos o tempo ou a queda?)

e como tudo aquilo parecia ser interpretado
como sinais
românticos?

depois,

eu sonhava que te buscava nas montanhas e perdia o
                                                              [trem
e não te encontrava em lugar nenhum
porque vocês viviam perdidas ali
no meio das pedras, nalgum caminho
circular —

(lembra
como naquela época, apesar das mentiras,
éramos nós a possuir
os mais incríveis talentos?)

o problema
é que ninguém poderia dizer que os homens
estavam preparados para a Dança

prece estruturada em formato de polpa

depois de laura erber

poemas não são
conselhos
conselhos
não são
figos
figos não
são poemas
são figos
não

você não
para
de falar
e me envaideço
você
nem o.
nem os figos
nem as mangas
      cortadas

no jardim

    alguém que diz
— adoro berinjela e o palácio
  de queluz

é lindo

depois você
depois você ouvindo
      culpa
quando eu disse
        roupa
depois você
quando diz que toda vez que apaga a luz do quarto
nalgum lugar do mundo
uma garagem
   se abre

depois eu
quando vim andando
e depois saindo
e depois você
apagando o cigarro
por causa da queda
absurda

depois as paisagens
depois as cidades
depois as conversas
abandonadas
    na cozinha

depois você
quando disse que a academia Smart Fit
era democrática porque lá os porteiros
e o Luiz Costa Lima malham
               ladoalado

depois você
quando disse que tudo isso era novo e tudo isso foi
                                     antes
antes ainda
    de acordar

depois você
quando disse de uma pessoa que é outra
e se uma delas acordasse
e se uma delas
    morresse
e se entre elas
os objetos
        pairassem
como se pudessem
como se houvesse
e se dissessem
fungos
e se dissessem figos
e se dissessem
polpas

e se os dentes
    quebrassem

e depois
    caíssem

e mesmo assim
dissessem

    Sim

Em viva-voz:

Érica Zíngano
(Fortaleza, 1980)

problemas metafísicos

para Heitor Ferraz

1.

A Galinha anda mais em alta
do que o Ovo
na disputa pela liderança
do ranking
de quem veio antes
do quê
"O Ovo voltou a ficar atrás
da Galinha", divulgou
há alguns dias
uma pesquisa inglesa
da Universidade de Sheffield
Como a casca do Ovo
é composta por uma proteína
(ovocledidin-17 ou oc-17)
encontrada nos ovários
das Galinhas
ficou comprovado
AS GALINHAS VIERAM PRIMEIRO
Um supercomputador

apelidado pelos seus de HECTOR
foi utilizado para acompanhar
as etapas de formação
da casca do Ovo:
os pesquisadores puderam, então,
constatar a presença da OC-17
logo no início do processo
Essa proteína é responsável
pela transformação
do carbonato de cálcio
em cristais de calcita
— elementos que compõem
a casa do Ovo —
O Dr. Colin Freeman
do Departamento de Engenharia
de Materiais, declarou
"há muito tempo se suspeitava de que
o Ovo tivesse vindo primeiro
mas agora
temos a prova científica definitiva
de que na verdade
a Galinha foi a precursora"

2.

Em contrapartida
o Ovo é relançado
no mercado
em nova versão
anuncia a propaganda

em meia página
de jornal
OVO LIGHT®
do branco
ao caipira
do pé-duro
ao de granja
agora o Ovo
também é light
A tecnologia
a favor
da saúde
do consumidor:
Ovo transgênico
Ovo transfigurado
Ovo industrializado
genético
& genuinamente
transformado
para você
não mais se preocupar
com os altos índices
de colesterol
Coma sem culpa
nada mais de problemas
cardiológicos
as calorias foram reduzidas
a mais da metade
porque agora o Ovo é outro
O sabor não muda nada

c-o-n-t-i-n-u-a i-g-u-a-l
    (GENIAL)
Experimente você também
e sinta sua vida se tornar
mais leve, mais diet
muito mais
OVO LIGHT®

---

fios de ovos pra viagem

para a minha avó

a minha avó morreu antes
de me ensinar a cozinhar
ela também não ensinou
a minha mãe a cozinhar
a minha mãe é canhota
e não tinha a menor chance
de dar certo na cozinha
dizia a minha avó
repetia a minha mãe
me explicando o porquê
de ter demorado tanto
pra aprender a cozinhar
(a minha mãe não se lamenta
da minha avó porque hoje
a minha mãe já sabe cozinhar

mesmo sendo canhota)
mesmo tendo morrido antes
de me ensinar a cozinhar
a minha avó uma vez tentou
me ensinar a cozinhar
quando eu tinha mais ou menos
oito anos de idade
foi um desastre completo
porque quando eu fui pegar
a chaleira quente com um pano
pra colocar água no arroz
o pano começou a pegar fogo
e fez um pequeno incêndio
na cozinha da minha avó
coisa que ela controlou muito
rápido porque estava ali
por perto administrando tudo
coisa que a minha avó fazia
muito bem era fios de ovos
todo natal tinha fios de ovos
com frutas cristalizadas no peru
pra tomar com sidra cereser
antes da ceia era uma festa
tenho sempre essa lembrança
dela fazendo fios de ovos
na cozinha infelizmente
a minha mãe não aprendeu
a fazer fios de ovos com a minha avó
nem a minha avó teve tempo
de me ensinar a fazer fios de ovos

que são a coisa mais difícil do mundo
de fazer então todo natal
eu sempre compro pronto
peço fios de ovos pra viagem
mas eles nunca têm o sabor
dos fios de ovos da minha avó
as saudades que eu tenho
da minha avó são as saudades
dos fios de ovos da minha avó
acho que o meu irmão tem saudades
diferentes da minha avó
mas nunca conversamos sobre isso

---

teoria dos gêneros

este poema é, e não haveria como não ser,
dedicado à minha mãe

Lyrika® é um remédio contra fibromialgia que a minha mãe toma todas as noites (antes de dormir) quando está em período de crise. A fibromialgia é uma espécie de reumatismo — só que dos músculos, tendões e ligamentos — e causa dor, fadiga, indisposição, dentre outros sintomas. Além de tomar o Lyrika® (todas as noites) antes de dormir, a minha mãe faz três sessões de fisioterapia por semana, o que ajuda a diminuir bastante a dor, afirma convicta.

O Lyrika® é fabricado pela Pfizer™, empresa do ramo farmacêutico responsável por arrematar a maior fatia do mercado de medicamentos para o coração: o Norvasc®, por exemplo, que a minha mãe também toma (todas as noites antes de dormir), é, sem dúvida, o mais vendido para pressão alta. De origem norte-americana, a Pfizer™ tornou-se conhecida em todo o mundo pela fabricação do Viagra®, que, por incompatibilidade de gênero, claro, a minha mãe não toma.

(esse poema foi escrito com dados retirados do Google Inc. e a poeta se exime da responsabilidade pela veiculação de quaisquer dessas informações. infelizmente, parece que o poema está fazendo propaganda para a Pfizer™; apesar de parecer, ela garante que a intenção primeira desse poema não era a de fazer propaganda nenhuma, mas a de fazer uma singela homenagem aos hábitos medicamentosos de sua mãe — se falhou em tal empreitada, pede desculpas, e avisa que continuará tentando)

cheesecake sem cereja

ele comendo cheesecake
sem cereja
é absolutamente banal

ou não faz muita diferença

a distância entre meus olhos e
os seus joelhos
seus joelhos entre a sua boca
na altura da mesa
seus joelhos encostando na mesa
e meus olhos nos seus joelhos
e o prato sobre a mesa
a boca no lugar da boca
o cavalo no lugar do cavalo

ou não faz muita diferença

o garfo sai do prato e
encosta na sua boca
encosta e depois entra
sua boca de boca cheia
comendo o que sobrou
da sobremesa

ou não faz muita diferença

com o braço esticado
a forma mais abreviada para se chegar no prato
o garfo fica pendurado no braço
o garfo é o garfo mesmo
pequeno e de metal
e o braço é longo e verdadeiro
é um braço de verdade
de carne e osso e cheiro

ou não faz muita diferença

com meu celular desligado
eu não posso dizer xissss
eu nem sei jogar xadrez direito
mas de olho na sua boca
me vejo atuando de mim mesma
esse é meu primeiro ritual consciente
de metempsicose
ele não me ofereceu um pedaço
mas eu consegui passar pro outro lado
entrei dentro da sua boca
e a sua boca está cheia
cheia de mim e de pedaços de cheesecake
sem cereja
somos todos um
menos um
eu ele a boca dele e os pedaços de cheesecake
sem cereja
e o universo inteiro
é um inteiro
ele tem nome de santo
e o cavalo nome de cavalo

ou não faz muita diferença

da parte de dentro da sua boca
não existem perguntas como
será que amanhã vai chover?
como o papagaio pensa?

por que existem panos de prato?
a precariedade é maior entre as mulheres?
isso é mais erótico ou é mais pornográfico?
um inseto é uma barata?
e uma barata também é uma barata?

ou não faz muita diferença

também somos essa realidade
do ponto de vista do lado de fora
uma tela de cinema
um filme de domingo na sessão da tarde
a moral do filme tenta explicar
a intenção as entrelinhas
mas os fatos são claros
ao invés de uma fatia inteira
ele pagou por meia
e sem nenhuma explicação
recebeu o troco a mais

Em viva-voz:

Jarid Arraes
(Juazeiro do Norte, 1991)

a torre

minhas paredes
desabaram

— só se ouviu
o som —

oitocentos reais
de tijolos cimento
azulejos rejunte
branco

— as paredes
foram
desabando —

como todos
os grandes
muros
políticos
protetivos
cativos
coloridos
mijados

— onde se escoram
os cansados —

minhas paredes
cumpriram
seu tempo

---

mormaço

saí para a varanda
aos 14 graus
da tarde
sem blusas
viria
a primavera
as roupas leves
— mas
meu peito é pesado
e quente
dentro de mim não faz
brisa
é sempre
mormaço

vocação

um corpo que carrega
um útero
é submetido ao decreto
da incondicionalidade
é submetido ao destino
de um útero

os grandes sacerdotes
e os pequenos
as figuras de autoridade
como as telas
como os corredores brancos
todos ensinam
o percurso do útero

que haja vida
porque um útero crescido
— às vezes nem tanto
deve fazer brotar vida
pernas braços olhos
espírito

um corpo que carrega
um útero
precisa de um espírito
que o preencha
o espírito forçado entre as pernas

enfiado enfiado enfiado
obrigatório

um útero é um sarcófago
de uma mulher
é a máquina
inquebrantável
de uma mulher

uma mulher é um útero
que carrega algo
há dias em que gente
há dias em que chumbo

Patas vazias

Não nasci do meu cordel
Das palavras não surgi
Dessas rimas retorcidas
Que consigo sugerir
Sou um bicho limitado
De sentido putrefato
Que pretende resistir.

Há quem busque pelos mapas
E acredite em previsões
Astros, linhas e pegadas
Destinadas incisões
Pelas páginas sagradas

Orientações regradas
De esotéricas visões.

Ou ainda busca norte
Na indulgência do divino
No perdão que se oferece
Ao menor dos desatinos
Os joelhos redrobrados
Buscam significado
Pro pecado paulatino.

Mas nascemos da nudez
Da angústia que nos come
E enquanto perguntamos
Um chamado nos consome
Somos todos invocados
Atraídos, intimados
A uma única e só fome.

Condenados a ser livres
E aos quilos suportar
Encarar-se enquanto fera
Que tenciona se domar
Toda escolha consumada
Vira a face admirada
E tentada a rejeitar.

Porém, digo, como bicho
Que a verdade também temo
Procurando outros meios
Para um fim bem mais extremo
Escolhendo a solidão

Turvo a mira da visão
Encolhida, então, eu gemo.

Não existe uma mentira
Menos tola de se crer
Todo fim é o mesmo meio
Para o inteiro se perder
Toda estrada é ribanceira
Toda mente é traiçoeira
Se acredita se abster.

Vim vazia de essência
Como toda viva gente
Provocada a procurar
A escusa da tangente
Um buraco a preencher
Um pretexto a esquecer
Narrativa incoerente.

Não nasci desse cordel
Das palavras que escrevi
Dessas rimas retorcidas
Que eu pude sugerir
Sou um bicho limitado
Mas meu significado
Eu pretendo construir.

Em viva-voz:

Luna Vitrolira
(Recife, 1992)

eu imagino você acordando
descabelada
com aquela calcinha branca
cheia de tartarugas verdes
e sem sutiã

lembro

você disse que prefere dormir assim
livre
sem amarras

gosta de sentir a cama
o lençol os travesseiros
invadindo a tua pele
toda manhã

eu imagino

você preguiçando na cama
já atrasada
sem saber se faz ou não o café
se decide sair sem comer
pra deitar mais 15 minutos
e nesses 15 minutos

eu imagino

meus dedos te fazendo algazarras
o nosso atrito
num dia de chuva
em que se quer apenas
uma língua maliciosa
onde tudo se encaixa

mas aqui do outro lado da cidade
qual animal de quatro patas
sou eu que me devoro

e te imagino acordando
toda molhada

───

não conheço uma mulher que não tenha
amado seu travesseiro
que entregue aos instintos
rezou ao tocar seus seios
ao se enfiar os dedos
gemendo em quase silêncio
com medo de ser vista por deus

e excitá-lo

o amor está morto e enterrado
soube esses dias
que foi arrastado pelas pernas
pra um terreno baldio

parece que não teve direito a velório
por motivos de

estado avançado de decomposição

o amor apodreceu
ficou só o osso

não recebeu flores
não recebeu velas
nem mensagens
da
multidão desconhecida

estava desaparecido

disseram que foi estrangulado por ciúme
que pediu socorro
mas ninguém ouviu

a vizinhança dormia
e dorme

o amor está morto e enterrado

▬

é devoto
mas expulsou a filha lésbica de casa
abusa psicologicamente da esposa
diz que mulher que não se dá ao respeito
merece ser estuprada
e defende que bandido bom
é bandido morto

▬

sou uma mulher de três bocas
que gosta de ser explorada
mas primeiro
se ajoelha meu bem
e reza
que o templo de deus
é uma buceta e se revela aqui
entre as minhas pernas

Em viva-voz:

Mel Duarte
(São Paulo, 1988)

Deslocamento — poema manifesto

Quando o corpo fala, como a voz ecoa
Quando você cala, como isso ressoa?
Onde vibra o timbre, o que te impulsiona?
O que te faz sentir livre, o que te aprisiona?

Querer viver da sua arte é mais que resistência,
ser representante do seu sonho, saber usar a
[sapiência!
É mais que entretenimento ou distração pra um
[momento,
nossos corpos são um ato político e isso causa
[estranhamento.

Ser cria de rua, underground,
seja na rima ou no passinho,
fazer da rua seu playground.

E nesse asfalto, onde alguns se arrastam,
outros erguem palco, montam a sua lona,
periferia é arte que respira,
para além de ser poeta é ser a própria poesia!

Eu tô falando de deslocamento,
dá voz ao movimento,
sair do lugar-comum,
explorar novos conceitos.

Escurecendo os argumentos,
é mais que flow, é ter talento,
tô falando da verdade que pulsa no peito
e lembrar que, antes de fazer sucesso, é importante ter reconhecimento.

Riscando o chão com passos largos,
deixa que as mina toma de assalto,
quero ver mais corpos livres pelo baile
e respeito por quem tá no corre.

Se ela bate o cu, tá pela ordem.
Entenda: Não precisa que a toquem!
Somos cria solta nessa selva, notem,
e sobreviver é muita treta pra quem não vem de área
                                                    [nobre.

Demarcando nosso território,
a quebrada também tem repertório,
não subestimem nosso trabalho diário,
retorno bom é fazer nossa arte e tirar um salário.

Há batalhas que vêm para o bem,
dos bailes blacks até as ligas de funk,

explorando nas palavras ou na dança algo que faça
                            [sua mente ir além,
das batalhas de rima até levar o slam pro palanque
um corpo que vibra, se manifesta e é atuante
pra que minha geração sobreviva a esse massacre
                            [constante.

Retomar o que é nosso por direito,
por mais espaços públicos para o povo periférico,
que nossa dança ressoe em corpos presos por
                            [pré-conceitos,
que nossa palavra atravesse barreiras e no peito cause
                            [efeito,
que nosso som extravase e chegue aos ouvidos mais
                            [primitivos,
que nossa imagem sobreponha tudo que antes foi
                            [aprendido.

E que, de uma vez por todas, reconheçam nossas artes com o valor merecido.

Verdade seja dita

Verdade seja dita:
Você que não mova sua pica para impor respeito a mim.
Seu discurso machista machuca
e, a cada palavra falha,

corta minhas iguais como navalha.
NINGUÉM MERECE SER ESTUPRADA!
Violada, violentada
seja pelo abuso da farda
ou por trás de uma muralha.
Minha vagina não é lixão
pra dispensar as tuas tralhas

Canalha!

Tanta gente alienada
que reproduz seu discurso vazio
e não adianta dizer que é só no Brasil,
em todos os lugares do mundo,
mulheres sofrem com seres sujos
que utilizam da força quando não só, até em grupos,
praticando sessões de estupros que ficam sem justiça.

Carniça!

Os teus restos nem pros urubus eu jogaria,
porque ele é um bicho sensível
e é capaz de dar rebuliço num estômago já acostumado
[com tanto lixo!

Até quando teremos que suportar
mãos querendo nos apalpar?
Olha bem pra mim! Eu pareço uma fruta?
Onde na minha cara tá estampado: Me chupa?!

Se seu músculo enrijece quando digo não pra você,
que vá procurar outro lugar onde o possa meter!

Filhos dessa pátria,
mãe gentil?
Enquanto ainda existirem Bolsonaros,
eu continuo afirmando:
Sou filha da luta, da puta,
a mesma que aduba esse solo fértil,
a mesma que te pariu!

Não desiste!

Não desiste negra, não desiste!
Ainda que tentem lhe calar,
por mais que queiram esconder,
corre em tuas veias força iorubá,
axé para que possa prosseguir!

Eles precisam saber que:

A mulher negra quer casa pra morar,
água pra beber,
terra pra se alimentar.

Que a mulher negra é:
Ancestralidade,

djembês e atabaques
que ressoam dos pés.

Que a mulher negra
tem suas convicções,
suas imperfeições
como toda mulher.

Vejo que nós, negras meninas,
temos olhos de estrelas
que por vezes se permitem constelar.

O problema é que desde sempre nos tiraram a nobreza,
duvidaram das nossas ciências,
e quem antes atendia pelo pronome alteza,
hoje trava lutas diárias por sua sobrevivência.

É preciso lembrar da nossa raiz,
semente negra de força matriz que brota em riste!
Mãos calejadas, corpos marcados sim,
mas de quem ainda resiste.

E não desiste negra, não desiste!

Mantenha sua fé onde lhe couber,
seja espírita, budista, do candomblé.
É teu desejo de mudança,
a magia que traz na tua dança
que vai lhe manter de pé.

É você, mulher negra, cujo tratamento majestade é
[digna!
Livre, que arma seus crespos contra o sistema,
livre para andar na rua sem sofrer violência
e que, se preciso for, levanta arma sim,
mas antes
luta com poema.

E não desiste negra, não desiste!

Por mais que tentem te oprimir,
— e, acredite, eles não vão parar tão cedo —
quanto mais se omitir,
menos sobre a nossa história estará escrevendo!

Quando olhar para as suas irmãs, veja que todas somos
[o início:
Mulheres Negras!
Desde os primórdios, desde os princípios,
África, mãe de todos, repare nos teus traços, indícios,
é no teu colo onde tudo principia,
somos as herdeiras da mudança de um novo ciclo!

E é por isso que eu digo:
Que não desisto!
Que não desisto!
Que não desisto!

Menina melanina

Passou por incertezas,
momentos de fraqueza,
duvidou se há beleza
nos seus olhos escuros,
seu cabelo encrespado,
sua pele tom noturno,
seu gingado erotizado.

Algumas por comodismo não se informam, não vão
[atrás
para saber da herança que carregam, da força de seus
[ancestrais!
Preferem acreditar que o bom da vida é ter um belo
[corpo e riqueza
e que chegará ao ápice de sua carreira quando se
[tornar a próxima Globeleza.

Preta:
Mulher bonita é a que vai à luta!
Que tem opinião própria e não se assusta
quando a milésima pessoa aponta para o seu cabelo e ri
dizendo que ele "está em pé".
E a ignorância dessa coitada não a permite ver...
Em pé, armado,
foda-se! Que seja!
Pra mim é imponência!

Porque cabelo de negro não é só resistente,
é resistência.

Me aceitei quando endredei,
foram mais de 10 anos de cultivo e paciência,
e acertei quando neguei
esse padrão imposto por uma mídia de uma sociedade
[que não pensa.

Preta, pretinha,
não ligue pro que dizem essas pessoas
e só abaixe a tua cabeça
quando for pra colocar a coroa!

Em viva-voz:

Liv Lagerblad
(Rio de Janeiro, 1989)

1

honey baby está tão cansada que também não acredita
[em si mesma
o livro-cinza ao seu lado exala um cheiro de cera
apareceu na escada um recorte de papel com a letra A
como fazer um texto sem essas premissas?
Esse texto branco, como a letra seca da lei se pretende
quando começo, azeda linha
agora plácida, inteiriça
nenhuma língua que eu não possa desossar me é válida
nenhum poeta ganha os créditos no reino das
[referências
se preciso refaço os caminhos
pra chegar ao mesmo ponto as entranhas
tão só um pedaço de carvão úmido
discretamente secretam certas fuligens opacas
restam algaravias mal-ajambradas
cá estão fleumáticos os grampos como frames que se
[colam às retinas
pudera ser touro me lembro do rapto da europa:
a imagética figura do colonizador era uma musa
[fragilíssima
e que ornou de flores a testa de zeus

transmutado em touro branco: não tendo medo é
[que teve
fim posto que dançava nua à beira-mar
carregada pr'além-mar
foi mesmo colonizada, dilacerada

———

Talvez você esteja escutando meu dedo
tecendo um som de cócegas no teclado
há esse sol na veneta,
fazendo dos olhos um rasgo,
não há nada no linho de meu leito
Só a flor que semeia o delírio
em meu ventre / por esporte

aqui há uma máquina
funcionando qual embarcação e cais
passando através da definição do medo
dentro da pele,
baila furtiva em minhas
veias, alagadas de química

agora, estio
vejo somente em sonhos
o mundo que habitei
mãe de pele azul orbitando
casa em marrom

cabelos e olhos pretos
um bebê
que morria
era meu bebê morto
eu soprava a boca
o hálito de recém-nascido
ele não respirava
estava pétreo, frio
havia sufocado
lembro que não tenho filhos
a lucidez me vem
acordo

depois de dias líquidos

depois de dias líquidos
em que somos essa
soma disforme de dois
de trespassar abrindo sulcos
meu dentro todo sendo
teu nome todo tendo
teu toque bruto
no sal que é teu
tão meu que chega
a azedar os lençóis
acintosos

quando a coisa se rompe

é um rasgo isso
brincamos por longas
horas claras e pouco mais
nas sombras que fincam
no assoalho e nas quinas
sua maciez etérea e fomos
estendendo a data da cisão
e foi necessário um bisturi
preciso e de aço cirúrgico
brilhando só lâmina
e benzido naquilo linfa
que embebeu os panos
quando fomos nós
delicadamente desligados

tão siameses, estávamos

e me lembrei de Gesualdo, o músico
que matou a esposa e ao seu amante
e dos dois corpos, ali
como troféus, os vasos sanguíneos
lindos, assustadoramente conservados

fazem quantos, três séculos?

vi uma série de animais mortos
na rua, hoje e em maioria
vespas e abelhas

também
um morcego às três da tarde
trombando num poste
indo ao chão, tonto

trouxe o morcego

nas mãos em concha
e o pousei na cama
e esperei pacientemente
até que estancasse
a respiração
observei o peito
que era essa frequência
oscilatória, na qual
tudo parece dançar
e então seu gradativo
apaziguar
até um fim
o peito reticente do animal
parou de inflar-se
e usei as unhas para abrir
o peito como fosse fruta
a entranha e os tubos digestivos
tão bonitos na minúcia de serem

minúsculos e meigos

o coraçãozinho
por algum reflexo

bateu uma vez mais
depois de muito tempo
já estando o peito aberto
e aquela uma pulsão
sem vida porém
pulsão de fato
aquilo foi o amor
e quis te dizer

olha

é isso
esse um espasmo
o que andei buscando
nos teus pelos negros
ébria dos teus cheiros

Disfunção na glândula rábica
descrio tudo o que toco
toco um relâmpago.
Chuto um toco, uma resposta
estala no dente, arredia

todo um aparato de móbiles
suspenso no latifúndio da memória
à Calder

sem par que suporte essa ranhura
uma ranhura ímpar. Falta a fala corpórea.
Imagino que voz de dentro, drena
Quando dirige, destoa.
Ai, às favas com quem tece
meça a extensão da merda e acresce
a isso os olhos que orbitam as estrelas
inimigos do sorriso funcional
sem par e sempre alhures
eventualmente ganindo pra lua
esse místico loa nenhuma diria

today

cada um que passa pela rua é um soco no estômago
demasiado strong
to my sensitive stomach : they say smack they say
[boa-noite e
cachaça
they say num lasco da tua carne eu passo a faca
mail irou bitxe letis renguin aut togeder
and i'm saindo pela culatra e dizendo no no no
let's fuck until we die in the moment of the orgasm
diz no meu ouvido

i'm
always

like
no
no
tanks

Marília Floôr Kosby
(Arroio Grande, 1984)

mmmmmm

mais ou menos que um livro,
isto é um êxodo
de uma tal condição
humana

o mugido foi a ação escolhida para essa desarticulação

parem pra ver uma vaca mugir
já nem digo ouvir
ouvir é difícil, o mugido de uma vaca
parem pra ver e procurem a próxima nota
em que palavra daria
aquela melodia
aquele esforço todo
de guela, olho, bucho, língua, rúmen

que fecunda epifania valeria
aquele esforço todo?

traduzam o mugido

> *tarde toda de terça.*
> *localidade: chasqueiro.*
> *arroio grande/rs.*

canseira.
esgotamento das faculdades motoras.
dedos em tremedeira
vaca em recuperação

prolapso vaginal: exposição intermitente de parte da
[mucosa vaginal

é causado por um relaxamento do sistema de fixação
[da vagina
geralmente acontece nos três últimos meses da gestação
e pode evoluir em um prolapso uterino,
quando o útero sai pela vagina depois do parto

é mais comum nas ruminantes, mas também acontece
[com cadelas

há predisposições hereditárias.

angélica,
o parto de uma vaca

não é uma coisa
simples
envolve um útero
imenso
que rebenta
e frequenta não raro
o lado de fora

um rebento imenso!

o parto de uma vaca
requer punhos
firmes
finos porém

matar uma vaca
não é
uma coisa simples
requer um tiro
certeiro
alto calibre
o ponto preciso longe
do meio da testa
dois cavalos três
ou quatro homens
um guri
quem sabe uma mulher

carnear uma vaca
exige sangrá-la

até a última gota
para que a carne
não termine
preta

sangrar uma vaca
é para exímios

comer uma vaca porém

———

a vó gosta da cabeça da ovelha e do pescoço da galinha
eu prefiro os ovos
e o tutano mínimo no espinhaço das lanosas

batata com asinhas é um axé de miséria pras filhas de
[oxum

não devo comer charque
não devo comer arroz
com charque
com linguiça
com galinha
arroz com leite

mas posso roer as tuas unhas
engolir teus cabelos
guardar um cílio teu dentro da minha pálpebra

fatiar em rodelas
passar no ovo
depois na farinha
e fritar
ovos de touro
oferecer pras visitas

▬▬

eu com a minha boca aberta beijei porcelanas tantas
enquanto cacilda me bebia toda

cacilda
I don't want speak english
I wanna to go back to the porcelains

i searched your teeths
cacilda
para saber do que tu não ris
you searched my nails
para ver como me mato a fome

cacilda
i miss you
barr'oca como a cola do tatu

trepada no alto de suas ânsias
cacilda goza de uma visão privilegiada dos campos
[neutrais

ah, os campos neutrais!
as flechilhas no chão, os baguais
os baguais
as coxilhas

baguais!

trepada na sacada de um quinto andar
cacilda engole a imensidão e não goza
das quatro patas que preferia ter

Em viva-voz:

Luiza Romão
(Ribeirão Preto, 1992)

dia 1. nome completo

eu queria escrever a palavra br*+^%
a palavra br*+^% queria escrever eu
palavra eu br*+^% escrever queria
BRASIL
eu queria escrever a palavra brasil

aquela em nome da qual
tanto homem se faz bicho
tanto bandido general
aquele em nome de quem
a borracha vira bala
a perversidade qualidade de bem

aquela empunhado em canto
atestada em docs
que esconde pranto
mãe do dops

eu queria escrever a palavra brasil
mas a caneta
num ato de legítima revolta
feito quem se cansa

de narrar sempre a mesma trajetória
me disse "PARA
e VOLTA
pro começo da frase
do livro
da história
volta pra cabral e as cruzes lusitanas
e se pergunte
DA ONDE VEM ESSE NOME?"

palavra-mercadoria
brasil

PAU-BRASIL
o pau-branco hegemônico
enfiado a torto e a direto
suposto direito
de violar mulheres
o pau-a-pique
o pau-de-arara
o pau-de-araque
o pau-de-sebo
o pau-de-selfie
o pau-de-fogo
o pau-de-fita
O PAU
face e orgulho nacional

A COLONIZAÇÃO COMEÇOU PELO ÚTERO
matas virgens
virgens mortas

A COLONIZAÇÃO FOI UM ESTUPRO

pedro ejaculando-se
dom precoce
deodoro metendo a espada
entre as pernas
de uma princesa babel
costa e silva gemendo cinco vezes
AI AI AI AI AI

getúlio juscelino geisel
collor jânio sarney
a decisão parte da cabeça
do membro ereto
de quem é a favor da redução
mas vê vida num feto

é o pau-brasil
multiplicado trinta e três vezes
e enterrado numa só garota

olho pra caneta e tenho certeza
não escreverei mais o nome desse país
enquanto estupro for prática cotidiana
e o modelo de mulher
a mãe gentil

dia 13. 1ª transa

um homem cordial me levou à cama
não queria foder nem trepar
só a esterilidade de uma cópula
me chupou com aparência diplomática
e alguma melancolia
(seus dedos-garrote desconheciam recusa)

pediu
que me dividisse em três
para a lida
para a farra
para fotografias oficiais
me trancei
transei

um homem cordial me trocou os lençóis
zelava pela brancura
depois dos gemidos
(até hoje não decifrei
se de dor ou prazer)

me pediu
por favor desapareça
por favor obedeci
sempre favores
sempre favores

homens cordiais assistem mma
às quartas-feiras
mas não vivem sem álcool em gel

---

dia 19. febre

carne viva
em terra quente
carne quente
enterrada viva
antígona ao contrário
de cada desaparecida
desenterrar
os ossos
o nome
o algoz

---

cassandra

entenda, sis, anunciar a desgraça
não é o mesmo que remediá-la
primeiro você dirá *está podre*
depois com perícia
raspará da casca a polpa gosmenta
o chorume se espalha

há fungos pré-históricos
há fungos abençoados
está podre repetirá didática

eles continuarão a palitar os dedos do pé

talvez você chore talvez arranque
do púbis ao queixo todos os pelos
uma mulher carbonizada no meio da avenida
talvez mostre relatórios do ibama
a fotografia área de crianças vietnamitas
fatos antes incontestáveis
fatos antes never more

eles continuarão a palitar os dedos dos pés

talvez te chamem de louca ou naive
são incontáveis as formas de rebaixar uma mulher
what? Você tá falando grego
está podre seus seios em chama
ainda assim
eles se lambuzarão

Em viva-voz:

Raissa Éris Grimm Cabral
(Florianópolis, 1985)

pra foder com a cisnorma

estudos comprovam:
que o pau da mulher
é
biologicamente
diferente do pau do homem.
Não porque seja cor-de-rosa. Ou porque tenha cheiro
de jasmim. Ou porque tenha gosto de cereja. Ou porque seja mais macia. Ou porque seus líquidos (ao invés de nascidos do corpo) vieram
das salivas de Medusa.
Não.
Tudo isso são lendas.
A diferença real
cientificamente comprovada é que
cada
microcélula
do pau da mulher
é um portal
aberto a mundos
que só ela foi capaz de conhecer.
Diferente do pau do homem
falo-cimento
fechado em si mesmo e

obcecado por rigidez
o pau da mulher é
abertura
ponte vibrátil
arco-íris
que serpenteia entre alfabetos e
afetos
conectando os amores que vieram
aos que virão.

▬▬▬

**Era uma vez aquela sapatão
nascida bem longe da ilha de Lesbos.**
Fêmea sem útero. Sem promessas sagradas escritas
                                       [no corpo.

Profanando tribadismos,
sexuava-se frotando
cuceta com cuceta
dando luz
aos seus próprios prazeres
desviados de destino.

Atravessava seus próprios avessos
travecando lesbiquices
bem viadinha
enquanto suas deusas lhe fodem,
penetrando-lhe com mil línguas,

a sapa gemia
promessas de liberdade
a cada gota que lhe escorria
desde os orgasmos do corpo.

Seja
trava sapeca
seja
sapa traveca
trocadilhava seus nomes
com a mesma boca
que bebia
o gozo de suas amantes.

―――

**Houve dias em que amava cinco pessoas ao
[mesmo tempo.**
Noutro, fazia amor com três.
Houve noites em que amei a uma única pessoa
[(nem sempre era eu).
E hoje caminho só.
Já fui orgia, matilha. Já fui amiga, amante.
Quando sonharam no meu corpo "príncipe
[encantado",
o beijo de uma sapa
tornou-me bruxa.
Quando tudo indicava que me prenderiam,
fui serpente.

Quando pensei que me afogaria, fui sereia.
Entre água e terra,
fiz amor com o mundo inteiro
quando me apaixonei por mim mesma
pela primeira vez.

Em viva-voz:

Cecília Floresta
(São Paulo, 1988)

amazonas das sete lanças

naquela noite, mariana atravessou a mesa
me beijou e disse
vai, cecília! ser *fancha* na vida

a sociedade coíbe mulheres
que amam outras mulheres
aquela noite talvez fosse tarde
não houvesse tantas cervejas

minha cabeça vertiginosa cheia de imagens
meninas verdes púrpuras vermelhas
pra que tantas lesbianas, minha deusa, resmunga meu
                                            [coração
embora minhas vontades
sejam bastantes & famintas

a moça de cabelos curtos
do outro lado do vagão
não deixa dúvidas
gesticula em demasia
teve muitas, muitas amantes
a mulher atrás do livro
no bosque da noite

afrodite, por que foi que dividiste
se sabias que eu amava demais
se atinavas que eu não beberia
apenas uma rodada por vez

comprida rua augusta
se eu soltasse um *no me gusta*
seria uma rima, e não sapatão
comprida rua augusta
da paulista até o centro
fostes muitas vezes
minha única consolação

eu não devia dizer nada
mas aquela mulher
mas esse tesão
botam a gente chuvosa
como ângela roro nos ouvidos
em domingos
quando é tudo
quase tudo por um triz

idade da pedra

a mulher que caminha na pedra
carrega muito mais que peso
enfrenta desafios
cidades esquinas
asfaltos & chãos de terra batida

a mulher que caminha
sai à procura da comida
que os seios pros filhos seus
não pôde dar sem luta

caminha no silêncio da pedra
a mulher que desconfia & grita
sem nem conhecer o porquê
de tamanho silêncio
ou a qualidade robusta
que lhe saltam aos olhos
em dias ou não de chuva

a mulher que pela pedra caminha
não se lasca com qualquer parede
avança vozeia & grita
pelo alimento necessário das crias
que ardem de fome à revelia

a mulher de pedra caminha
afronta protesta & uiva
tem pelos longos cabelos
desgrenhados poréns
valiosas dúvidas
& dívidas muitas dívidas
que jamais foram suas

moça entendida não paga

encarnados morangos
laranjas suculentas cortadas ao meio
pêssegos elegantes
cupuaçus babaçus
a castanha do caju
o útero ovalado do abacate
a semente espinhosa do pequi
o lado de dentro do tomate italiano
quando retiradas todas as sementes
a pele delicada da tangerina
ou a imponência sisuda do figo
o oco do melão
a vermelhidão interna da romã
a pecaminosidade bíblica
da popular maçã
& graviolas

e ela ainda me pergunta
em qual das pontas
fica o melhor pastel da feira

Em viva-voz:

Natasha Felix
(Santos, 1996)

As tranças

procurando uma explosão impossível.
Sua voz, o engano que trancei junto aos meus cabelos
enquanto não olhava o espelho.
O couro cabeludo à mostra.
Precisei desenhar na minha cabeça
algo que parecesse a estrada até a sua casa.
A verdade seria um penteado bonito
que eu pudesse exibir na rua para os desconhecidos.
O pente meu cúmplice dizia não se atreva.
Mal senti o sol bater ardi como jamais.
Se até ontem nada me escapava
teve aquela festa
onde dancei feito uma mariposa perdida
a alegria nos quadris não passava de um jogo
que eu acreditava conhecer as cartas.

Ao homem que se levanta comigo

para L.

espero que as unhas cresçam
só depois solicitações, juras,
os números.
Qualquer justificativa.
Espero que você não.
Por favor.
Mantenha a respiração acontecendo
beije sua mãe na testa, peça a bênção a ela.
Não olhe a polícia nos olhos
se for preciso esconda-se bem.

Preparo para a arena

te ensinaria a correr os meus peitos como eles gostam
[de ser corridos.
Me faria didática. Abriria uma exceção.
Te mostraria como meus cabelos precisam ser
[agarrados.
Seria paciente. Desperdiçaria meu tempo.
Te guiaria enquanto você se perde sem perceber.
Você é um toureiro que vacilou por um segundo.

Não escapou.
Nós sabemos o que acontece aos distraídos.
Agora é aceitar o chifre atravessar a sua mão
                    [violentamente.
O que te resta é acolher o gosto metálico na boca.
Salivar bem.
A dor te escolheu dessa vez.
Lamba o sangue, chupe os dedos.
Não me chame de amor.

▬

Feliz como Lázaro

se me adoecerem e arrancarem quatro
dos meus melhores dentes.
Se martelarem meus joelhos.
Mesmo se alinhavarem a minha boca.
Se marcarem minhas costas a ferro.
Deitarem fogo nas palmas das minhas mãos.
Se fuzilarem meu corpo à queima-roupa.
Darem fim às minhas digitais.
Se me derrubarem e jogarem terra nos meus cabelos.
Mesmo se me conduzirem à vala comum.
Se me derem por vencida.
Se me disserem — é o fim da linha:
fico aqui exatamente onde estou.

Se me disserem — mataremos todos os seus mortos.
Fico aqui exatamente onde estou.
Com os mesmos olhos de mosca-varejeira,
ousada como minha avó.
Se me disserem — é dia e ele não será seu:
fico aqui exatamente onde estou.
Com a mesma fome, herdeira de um deserto
faço questão, passo minha vez.

Amor

daqui já é possível ouvir
pouco antes de atravessar o mar de alborão
buscando o marrocos seu cheiro no marrocos
deixar as cinzas em rabat

é o plano.
Manter a faca amolada os pés prontos para correr
quando os militares.

Daí você lambe a ponta
deixa a lâmina te conhecer.

Exercícios

horas antes do voo 315, poltrona reclinável,
o céu colombiano.
j. arranca meus dedos fora um a um.
Na cozinha, sequer pensávamos em despedidas.
j. pega o alicate digo pega o alicate agora na gaveta
isso é uma solução prática.
Ele arranca meus dedos fora um a um
não sem antes lixar passar base nas unhas
remover cutículas, beijar as cabeças.
j. reúne meus dedos em conserva tampa em
segurança me confia o pote transparente antes do
                                      [embarque.
Não o levo ao aeroporto sou
uma mulher contemporânea.

logo farei 22 anos.
Me recuso a ir embora antes.
Até lá enterrarei um filho. Isso não será triste.
Não vou embora sem cruzar a fronteira
enterrar esse filho
profundamente
não ser triste.

identidade

uma vez, no colégio marista, pediram que
                [trouxéssemos fotos dos nossos pais
levei uma foto muito engraçada do meu pai
usando óculos escuros no corredor de casa
fazendo palhaçadas
porque é assim o meu pai
um homem engraçado de óculos escuros no corredor
                            [de casa.
              [fazendo palhaçadas
no dia, enquanto estávamos todos em roda
alba schneider, uma colega da minha turma, olhou a
                      [foto do meu pai
de óculos escuros no corredor de casa e achou muito
                            [engraçada
ela ria e apontava e perguntava
por que seu pai parece um bandido?

Em viva-voz:

nina rizzi
(Fortaleza, 1983)

gostava quando ficava escuro e podia dormir
dormir era enfim estar comigo
o amor é uma coisa que dá sono

como uma tristezinha bonita
pra não enfadar a felicidade
ah, a felicidade!
      ir se
        assentando sobre os pratos
        os lençóis suados da cama
        o junco dos nossos rostos
dias assim de entremeios
de inventar jeitos de brincar
de alegrias findas as vindouras
um livro na cabeceira que teimava
não ser escrito ser incêndio a bordo
quando vieres ver um banzo cor de fogo
m. diz que chorar dá sono
o amor é uma coisa que dá sono
eu tenho muito sono de gozo de morte
de fome e puro sono rastejo até a cama
como pudesse fugir os olhos pequenos
o sono
gosto mesmo de nessa hora sono
brincar as alegrias ah! a felicidade

esse ser menino índio a se bolar
no mar o amor sim o amor existe
o amor é uma felicidade
uma poema anterior ao rastro da poema

---

amor, pobre amor

o que eu vou fazer
quando não restar sequer
as paredes de te me esfregar?

---

poeminha manhoso pra me cobrir todinha

ai, amor, nua não...
me veste de gala...

---

noturno pra ela clara, claríssima

pra fazê-la sorrir e respirar longo, engolirei
caroços de manga & abacate pra o chá mais
cremoso. e vou tocar mandarins que tiro de um
rimbaud — dum papagaio do mar. toca. toca.

toco a ponta da língua no céu da sua boca.

não. nunca mais vou ler uma roda de evangelização, convites pra swingueira. qualquer outra mão pequena e muros pintados a giz e esses expelhos de dizer a miragem, pesadelo e agonia.

e só agoniza uma espera bonita pra me sorrir.

vou esperar um sábado pra nadar com ela
um sábado com cara de domingo ou sexta à tarde.
E eu posso esperar ainda a vida inteira
sem pressa {...}

tenho uma urgência em lentidão.

talvez consiga construir uma casa no mar,
na floresta. se pudesse viver comigo era

um riso e dentes. era bom o pêlo espesso
e os tijolos da patagônia ou a glória ou o capim ma-

cio. macio. eu quero a poema e a nossa língua.

das vezes que me tornei branca

da primeira vez
não dei por isto ou aquilo
uma pá de cal
tão branquinha
atirada pelas criancinhas
como flecha
cabelo de repolho bombril
esquisita suja fedida

e a vez de querer muito muito forte
esfregar o tijolo na cara até a carne se saber a sangue
sangue azul sangue branco

cresce cresce cresce

nove aninhos
ai ai ai
que peitinhos mais lindinhos
ai ai ai
que bunda tão grande como pode sem celulite
ai ai ai
já pode aprender usar a boca
ai ai ai
que virgindade mais apertada
ai ai ai

que mulatinha tão gostosa
ai ai ai
você é tão inteligente pra sua idade
ai ai ai

pode pode pode
você quer leitinho?
olha que branquinho

cresce cresce cresce

as vielas na periferia
o campinho de futebol
a goela seca

não cotas não
sim samba sim
sim chapinha sim
não raiva não

cresce cresce cresce

oi amiga
não hoje não
oi joana
sim hoje sim

uma luta maior que a outra
uma lata mais vã que a outra
bares caçambas papel picado absorvente

cresce cresce cresce

NOTÍCIA DE JORNAL
hoje na jornada de arte negra
a poeta x
a novíssima literatura negra
pra ser lida nas escolas

SOU NEGRA
SOU NEGRA?
SOU NEGRA!

cresce cresce cresce

os beiços imensos roxos
os bicos dos peitos pretos
o pixaim armado
a vulva roxa
os bisavós escravizados
o avô fugido da servidão
uma avó tão branca

neta de quem?

se me querem por fêmea
NEGRA
se me querem por intelectual
MULHER?
se me querem por profissional
HETEROCISGÊNERA

se me querem por escritora
BRANCA
se me querem
COSPEM OS LÁBIOS LIVRES

cresce cresce cresce

o homenzinho violenta a mulher
digo porque sim ela é mulher
ele diz ninguém estava dentro do quarto
sou negro sou negro você é racista
poetisazinha de versos de merda

e ainda uma índia a voar
paloma negra

PELOS ARES COM SEUS SANGUE PODRE

cresce cresce cresce

da múltipla vez
não dei por mim
estava a gaguejar um verso que me martela
TERESA TERESA TERESA
uma avó esquecida de tão negra
um poema tão macho um poema tão arraigadinho
que qualquer poema só sabe dar bandeira

a filhinha chora
meus beiços meus pelos meus cabelos meus peitinhos
〔minha história
e essa maldita pele tão branca

a poeta x negra é invisível pra todos os machos
a poeta lésbica branca é alvejada por todos os machos
a poeta gorda trans é batida por todos machos
as mulheres são odiadas por todas as instâncias
ó por todas as feministas

da última vez
disse sim

mulher
mulher negra coberta das poemas mais ternas das poemas mais raivosas das poemas mais poemas porque sim eu quis assim
a poeta negra
A IMENSA POETA NEGRÍSSIMA

Em viva-voz:

Stephanie Borges
(Rio de Janeiro, 1984)

I

ouvindo Solange Knowles

são muitos os segredos
um dos fundamentais
são as pontas
aparadas frequentemente
para
      manter
           o caimento

camadas   pra cima
      de baixo
definem   o volume
      melhor

pelo seu olhar eu sei
você quer tocar a textura espiral
enfiar os dedos nessa maciez
mas

talvez antes:
sim, precisa pedir

não é exótico
na dúvida se sua opinião pode ser ofensiva apenas
[sorria

uma das características
que revela a saúde
é o brilho

não confunda
com retoques fotográficos
ou a ilusão nos primeiros dias de química
o formol cai bem aos mortos
mas a indústria é ótima com eufemismos

a progressiva de chocolate
a progressiva marroquina
a progressiva de botox
a progressiva americana
a progressiva inteligente

Lembrando sempre que a confiança no progresso
deu ruim no século 20

anos escondida atrás do comprimento, e de repente reencontrar o próprio cabelo e confrontar o rosto. perceber como as pessoas encaram. e P. disse seja ousada, crie uma distração, batom vermelho, brincos grandes. na época, F. dizia vermelho é batom de mulher vulgar. desde então nunca mais fiquei sem um

ingredientes que talvez
não funcionem em uma receita,
mas podem ser ótimos truques
separados
abacate
óleo de coco
vinagre de maçã

o cabelo muda de textura em média
de duas a três vezes na infância,
com certeza durante a puberdade
e quando diminui a produção de hormônios
a gravidez também provoca alterações
de textura, volume, queda
mas é facultativa

Lembrando ainda de todas as coisas
que podem ser feitas
com centenas de horas e dinheiros
gastos no salão,
fora a manutenção regular
para reduzir os danos provocados
pelo tal tratamento

ninguém ensina:
- a hidratação faz toda a diferença
- o shampoo é superestimado
- um pente é opcional
- existem três tipos de cacheados e crespos (2, 3 e 4)
cada um subdividido em três categorias (a, b e c) e é

quase certo que dois subtipos dos noves possíveis
coexistam em uma cabeça

não há nada de exótico aqui

comentários que distinguem:
- você é tão bonita, por que não...
- parece muito limpo
- não tem uma aparência muito profissional

é triste
que existam meninas virgens, mas seus cabelos não
e naturalizemos a beleza pela dor
a ponto
de parecer normal
o ferro quente carinhosamente
chamado de chapinha,
queimaduras de hidróxido de sódio e guanidina
me avisa quando começar a arder
pra gente lavar, tá

a cutícula é a camada protetora externa que recobre o córtex de cada fio. em seu estado normal é suave, permite o reflexo da luz e reduz a fricção entre os fios.

e o cafuné?
sim, você vai gostar de fazer
embora provavelmente
não saiba descrever a sensação
o entrelaçar nas espirais
seus dedos, a maciez
a pele delicada levemente oleosa
talvez precisemos inventar um nome secreto para
[isso

na cabeça, a função do cabelo é regular a temperatura e proteger dos raios solares, mas acredita-se que nos processos evolutivos ele tenha se tornado um elemento de atração dos parceiros sexuais

quando quiser ter filhos
pense em como pode sair o cabelo das crianças

fronhas e lenços de cetim
evitam a fricção
e ajudam a manter a oleosidade natural
perfex é ótimo para secar o cabelo depois do banho
   pra cima   as pontas
de baixo   amassando

quanto menos produtos
menos resíduos
manter o couro limpo e saudável
é tão fundamental quanto hidratar
cuidar bem do seu ori
ou do seu chakra coronário

boa parte do olhar é curiosidade. há quem considere coragem, as crianças sorriem. o volume faz parte, perder o receio e ocupar espaço, é por isso que há poder em seu nome

e embora hoje transição seja a palavra
há um tempo era assumir
repare a estranha necessidade
de quem se apropria do que sempre foi seu

sem um corte rente
na altura do fio
onde há a diferença na ondulação
são quase dois anos para tirar
toda
a
química
aplicada em um procedimento que leva tipo 3h

a cutícula é composta de seis a oito camadas de células planas sobrepostas e cobertas por lipídios resistentes à água que agem como um condicionador natural

mas não confunda
o poder e o produto
é bom para alguém que continuem acumulando
shampoos condicionadores
antifrizz finalizante
pomada mousse
restaurador ampolas
e esqueçam

uma vez me convenceram a deixar crescer e muito
tempo até a gravidade impor o peso e então novos
truques, difusor e hashis para soltar os cachos depois
da lavagem, um por um, para que eles se definam
melhor

dá trabalho e ainda assim
é mais rápido e fácil que relaxar
veja bem, não tem ninguém nervosa aqui

os hormônios influenciam
e o cafuné é uma ótima ideia
embora não exista comprovação
de que a ocitocina traga benefícios capilares
pode ser boa pro chakra

a queratina é uma proteína de origem animal que
envolve as células da epiderme para evitar a perda
de água e proteger o organismo contra agressões
externas. também é encontrada em cabelos, unhas,
cascos, chifres e garras

de pensar que há
mulheres adultas que nunca souberam
como são seus cabelos,
filhas que não fazem ideia
de que uma das diferenças
entre elas e suas mães
são 0,2% de formol
autorizado pela Anvisa
e mal sabem
de onde vieram
seus cachos 3b e 3c e rodamoinhos
ausentes nas cabeças maternas
porque a chapa é quente
sinto muito
e sorrio de volta

▬

programação

para Bruna Kalil Othero

a próxima temporada
no congresso, no senado
é um *walking dead*
a mamata
está cancelada
só que não
como a cantora pop

saída do subúrbio
se apropriando da estética
ela só quer *pink money*
preenchimento rinoplastia
não tem empatia
o silêncio é ensurdecedor
sashay away
a eliminação não é justa
não acredito
é ruim, mas eu gosto
me julguem sem defeitos
porque eu mereci
se você não é atacada
pelos robôs
pela direita
pela esquerda
é privilegiada, sim
essa novela é péssima
nada acontece, mal tem pretos
recicla um clichê nos anos 90
sdds de quando vampiros
todo dia na TV não tinham
relação com a realidade
seres decrépitos com sede
de sangue
ninguém merece
essa reprise
são mais de 120 casos
de feminicídio em dois meses
os suspeitos que estão soltos

são todos cidadãos de bem
as instituições funcionam normalmente
burocráticas, moralistas
só derrota
ninguém quer fazer a autocrítica
ainda bem que esse ano
teremos o final daquela série
dos dragões com guerras e tronos
dedo no cu e gritaria
todo mundo morre
credo, que delícia

Em viva-voz:

Regina Azevedo
(Natal, 2000)

tomar catuaba com você

Tomar catuaba com você
é ainda mais tesudo
que ir a Hellcife, Natal, Fortaleza
ou ficar sequelado de 51 na Lapa

em parte por dançar forró com um mendigo suado
em parte por você ser o boy com o quadril mais
                             [eficiente do mundo
em parte por causa do meu amor por você
em parte por causa do seu amor por maconha
em parte por causa dos ipês albinos na estrada de
                             [Brasília

é difícil de acreditar quando estou com você
na existência de algo tão inerte
tão inodoro e ao mesmo tempo tão putrefato
quanto o atual Presidente da República

Nós andamos entre as fantasias da nossa canção
e de repente você se pergunta por que caralhos
alguém construiria um edifício atrapalhando o Carnaval
Eu imagino o desmoronamento de um arranha-céu
e eu prefiro assistir ao acontecimento

de um desastre natural refletido nos seus olhos
Eu prefiro ver o seu sorriso diante de um maremoto
diante da falência da agroindústria ou das
[imobiliárias
a ver qualquer quadro pós-impressionista
exceto talvez Lautrec porque quando eu danço com
[você
eu não preciso fechar os olhos pra dançar com a
[melhor pessoa do mundo

Tomar catuaba com você
é ainda mais tesudo
que te assistir tragando um míssil
que ouvir você falando da potência das flores
que reposicionar a cama no lugar
que tropeçar e te encontrar
repetindo a palavra calma
enquanto o vento nos dá um sacode
e você diz que sente
a primavera fazendo cócegas
em nossas barrigas

▬

festejo ao fogo

só por um segundo
sob teu peito

o farfalhar do outono
e o que você fazia
em festejo ao fogo

a ponta dos dedos
ao relento

traquejo singular da labareda

misto de calmaria e lampejo
numa dança descabelada
a língua pronta para o surgimento
da manhã

o espírito de cavalo colorido
no ato de trocar os óculos com você
e te olhar de baixo

o minério que dorme na pele
o desafio que doma o segundo
a ginga que derrete as ondas

cheiro tônico diante do espelho

o rugido e o anúncio
do tropeço no ritual:

um orgasmo estupendo
anestesia contra bombas
de efeito moral

o sertão sou eu

capim seco
corta pele
atinge carne
longe gado cai,
gado só fica em pé com água
vovó quase não conhece
terra molhada
sandália minha brilha,
pé de solas avermelhadas
desci do salto
passeio na estrada do tempo
corpo tem necessidade
de estar perto da alma
corpo quer morar em casa
corpo precisa adormecer
ouvindo sua voz
canto do galo celebra milharal
água chegando na caixa
paredes ficam frias
afundo surda em colcha de pano
cada retalho tecido pela desistência
de um bicho
afogo muda em cílio de pavão
pés repousam na rede

chaleira geme
capim santo
alma despida de cidade
dor se despede
deixa corpo aos poucos
chove

———

fundo

clichê clássico
eu te amo do fundo
do meu útero
solo sagrado de pecado
perto de onde seu pau se enfia encosta e arde
no limiar da dor
afina o violino do futuro
células dançam
leite manchando mundinho cor-de-rosa
você não tem vontade de ir embora
porque chão é cama, chuveiro é cama
areia espelho escada e também em pé
cama é onde você se deita sente meu cheiro e perde o
                                    [sono
onde eu mostro que as poetas são mais
com a mão dentro da calça

olhando fundo no seu olho
amando de novo

Em viva-voz:

Valeska Torres
(Rio de Janeiro, 1996)

Marlene

Marlene baba.
O ônibus tropeça.
Marlene baba com os ombros caídos,
               na quina
a cabeça quicando   da janela.

Marlene quicando.
Quica quica
     quica
e
   scor
      rega.

Quica & escorrega,
os lábios compridos e grossos, a barriga pulando do
                                      [abadá.
Os carros (((empilhados esmagados))) dentro do baile.
Tudo é onda quando puxo o loló.
Para aguentar o
tranco do motor do
ônibus
o calor dos dias asfalto bruto e machucado,

o vapor
de um capô aberto no meio-fio na avenida brasil.

Pombo morto

o tempo com suas grandes mandíbulas
                        [esmigalhando a carniça caída
feito pombo morto entre os carros na dom hélder
                                          [câmara

as cutículas sangrando espirrando líquido vermelho
                                      [tudo é dor
dentro as unhas se quebram a cada soco dado nesse
                                    [punho que é meu
desespero essa fala comprida esse wifi torres 123
                                    [minha bolsa bege
aquela carteira de trabalho rabiscada os seios com
                                    [estrias brancas e
largas são minhas as estrias essa vulnerabilidade o
                                  [cotovelo cicatrizado

taquara faça carinho em dias de sol como naquele
                                [domingo de galeto pepsi
e transas de compridas horas no quarto o eu
                              [rebocado com pasta branca

sinto falta do que foi meu e não será de ninguém
                                              [não será
não pela morte mas pelos dias que foram nossos
                                           [ninguém nunca
arrancará de mim o que foi meu não com o tempo
                                            [com o tempo não
tirará de mim o que foi meu você aquele domingo
                                          [de pau vermelho
com as veias tão minhas

em caso de emergência utilize o martelo 296 me
                                         [dando crises pânico
em abolição quebro os cacos tão pequenininhos para
                                           [sair de dentro deles
como se saem os espíritos apossando-se das
                                         [pequenas coisas quebro
você no canto nunca meu nem mesmo eu para
                                         [voltar ao lugar do vaso
barro sem flores sem água sem terra

o poema fudido suplica todo ferido pra que te deixe
                                           [atravessar a rua
de longe
te vejo indo

Nós dois cantando Sidney Magal na feira de São Cristóvão

Para Fernando

estação da Penha
desemboco perdida na linha de fuga, percebo
— como se percebem os furos de tatuí na areia de
[grumari —
o grão de purpurina no fim do Carnaval
são quatro por dois isso que inflama o meu peito
não chupo a espinha do peixe,
não como mocotó

sonho em me bronzear sob o sol de ramos
me banhar no piscinão
ao seu lado
com as mãos entrelaçadas às suas
bebendo Itaipava

sou mulher de gostos caros, digo a você enquanto
rasga meu sutiã
gasto
por amaciantes

picho na murada do prédio
seu nome <3 o meu

para que você saiba o quão merda eu sou
quando apaixonada
meus pais me apontam dedos disseram para não me
[perder demais
¡perigo águas profundas, correnteza e redemoinho!
É tarde,
depois de meia-noite
nossos horários são verões

é tarde

estou fudida
porque a foda tem o gosto do meu homem
e disso os meus lábios não cansam

―――

Carne moída

Torrando no meio-fio do Ceasa,
homens armários me olham de esguelha,
sabem que ferida aberta é lugar pra mosca botar ovos.

Abobrinha carne moída arroz feijão
o prato à mesa.

Rolam os dados
no tribunal
vencem

mais fortes
de pele
de olhos
de cabelos
de sacos
no cemitério de Inhaúma
um após o outro.
Pretos acumulando cargas
dentro de caminhões baús
o burrinho sem rabo empenando
no sol a pino
gargalha
ele ri de mim
ele ri de todos
menos
das sungas maiôs

Búzios. General Osório. Zona Sul.

Praias e mais praias com gente miúda na quarta-feira
o dólar em alta magra sexy salto 15 saindo da boate
                                      [um escândalo
na bolsa da mulher um garoto baleado correndo
                                      [entres os carros da
                                      [avenida
Nossa Senhora de Copacabana, onde foi que a
                                      [Senhora se escondeu?

Anteontem pintei as unhas
de vermelho

nas ruas de São Paulo
o gongo soou um colapso nervoso, gritou comigo
[não revido

Acumulam-se inacabados:
cinco ou seis projetos arquitetados a essa
[hora do dia
remendados com fita-crepe.
Dois ou três possíveis relacionamentos que
[nunca me
disseram a hora ou o lugar de encontro.
Um quebra-cabeça, duas costuras no rasgo
[de minhas blusas,
46 horas maldormidas.

Depois de velha e pelancuda o que me resta é ser
[comida pelas traças
em mim cabem
vigas aço concreto camisinhas cacos estiletes balanças
[dedos esmalte
absorvente fígado

queijo nojo nojo nojo nojo nojo

Em viva-voz:

Bell Puã
(Recife, 1993)

no percurso de negar corações
tentei pegar um atalho
burlar as flores e conchas
pisando em receio-cascalho
peguei carona no forró profano
alcoolizada de medos
pra reduzir os danos
fui ficando
caí no caminho mais longo
e só apenas por ali
te seguindo e vendo partir
de todos os detalhes
desse amor impensado
o sentimento tropeçado
de quando beijei teu sexo
enlacei teu abraço
de carona no rap sagrado
lado a lado
rastreei os teus passos

Molhados os sonhos no asfalto
Recife nunca chove no verão
mas hoje vi gotas arrancarem
cada
pedaço
do
meu
chão

espalharem os poemas de amor
que nunca soube escrever
fingia que os achava estúpidos
sem querer assumir
minha incompetência
pensava em desistir
pedi clemência
às paixões sobreviventes

virava ao avesso
tirava do eixo
versos salgados
os sonhos no asfalto
molhados
meus poemas de amor
engasgados

cuspo a volúpia nos lábios
fico nua

toda aberta
afagos

ai, poemas de amor
incompetentes
mesmo que o couro
arda sinta seja
de uma paixão
sobrevivente

▬

é que dei o perdido na razão
muito prazer
vem sempre aqui, coração?

Em viva-voz:

Yasmin Nigri
(Rio de Janeiro, 1990)

mãe

sonhei que a veia
verde que pulsava
nas suas mãos

saltava
sobre mim

súbito ganhei asilo

―――

largar você não vai ser fácil

No início especialmente
Não vai ser nada fácil
Mas também não vai ser
Como das primeiras vezes
Essas doeram um bocado
Mesmo assim
Largar você não vai ser fácil
Lembra aquele mochilão
Que fizemos pela Europa e
Descobrimos que quase toda estátua

É uma estátua da sorte
Basta fechar os olhos
Esfregar as mãos
Na parte mais clara
Geralmente os joelhos
Pés seios ou mãos
E fazer um pedido
Largar você vai ser
Passar pelas estátuas
Sem pedir por nada
Sentir fome
De barriga cheia
O que me lembra que
Cozinhar só pra mim não tem graça
Viajar sozinha sai mais caro
Largar você não vai ser fácil
Como um intercâmbio em Genebra
No início vai tudo bem
Depois faz silêncio demais
As horas são demais
Tudo é calmo demais
Frio demais
Não tem feijão em Genebra
Não sei lidar com términos
Escrevi depois rasguei um bilhete que dizia
Se você me atazanar te largo 1 tiro
Vê se me erra, satanás
Não sou comum com despedidas
No meu copo sempre fica um dedo de café
Lavo a louça e largo o ralo sujo
Tomo banho e esqueço o gás ligado

Abandono um par de meias na máquina
Fins pra mim são terríveis
Tem sempre um vestígio
Por onde eu passo
Um prato sobre a mesa
Alguns fios de cabelo no pente
Não é uma questão urgente
A idade não é mais de esperar
A mágoa, a injúria e o rancor se instalarem
Pra que contar com a mágoa imperdoável
Largar você não vai ser fácil
Mas lembra quando eu voltei de Genebra
E perdi meu passaporte
Não faz diferença

---

tchékhov

estamos pisando sobre os restos
única maneira de não esquecer

Irina bebe às vezes respira
hoje é o último capítulo da novela

rastreador ligado
por livre e espontânea assinatura

vai pro futuro, Olga,
um carro de dois lugares

quantos morreram na Liberdade
em nome da ordem

Masha não sabe onde quer chegar
Andrei se entregou a um ponto fixo

rompe uma luz perdida
eles não sabem por onde pisam

fios de sangue varridos
massacres esquecidos

uma prisão chamada entretenimento
uma prisão de classes

subindo pela língua
os rostos refletidos no asfalto

as lanternas da Liberdade
queimadas afogadas sem vestígio

como é mesmo o olhar dos motoristas
de caminhão pipa

que não têm água em casa
que não têm água em casa

Angélica Freitas

cavava a areia com os dedos
quando você lembrou que os tatuís
sumiram da praia de Copacabana

me bota pra pensar
me bota de quatro
me bota as calças e adeus
é chegada a hora do lobo

— vamos viver de agricultura orgânica em Lumiar!
— só se o moço do telemarketing for!

um rapaz de 21 anos me saudou com
alô você
eu ri

ainda assim quero ir embora daqui

em plena terça-feira ele veio
me comeu com pizzas e refri
o refri não tomei

os pedaços de pizza
que sobraram eu comi
no café da manhã
lendo Angélica Freitas

sem café
café tem me tirado o sono
sabe como é

uma voz interna escarnece violentamente
tudo tem te tirado o sono
menos o café

e essa irritação na língua
que insistem em chamar de afta
não passa

Em viva-voz:

Dinha
(Milagres, 1978)

De aqui de dentro da guerra

i — Mataram Francisco

Ah.
Ser protagonista
Ser um símbolo.
— É mais um ou menos um?

Escrevo pra corromper as estatísticas.
Escrevo pra alterar o sentido de estar sozinha.

— E Adélia?
Passou
A noite velando o corpo.
— Só tiro de Doze.

E o que dói nem é a morte.
É a guerra.
É somar os corpos e notar
a baixa sempre mais humana.

A última guerra romântica acontece por aqui:
São Paulo, Brasil,
Fundão do Ipiranga

Jardim São Savério
Parque Bristol, Bristão.
Mil e uma noites
a mil.
A milhão.

— Procurou, né, mãe?

Ouvi os tiros mas não dei ouvidos.
Morreu alguém. Não fui ver.
É comum.
Era só isso.
De uma festa, cantei, dancei, ri
(e isso não é força poética
de quem imita poesia
e põe verbos em paralelismos).
Ri muito a noite toda.

Terminou de madrugada
os tiros subindo a escada:
— Dinha, mataram Francisco.

II

Daí a ideia de Guerra Romântica: essa guerra cara a cara, mano a mano, de mãos bem maiores que o corpo, de dedos se assassinando. A última não foi a Primeira Grande Guerra. A última é a que acontece por aqui: Que de pequena foi crescendo, pulando os muros dos guetos, se alongando, se multiplicando, como um câncer bem nutrido, como um vírus bem alojado, ora dormindo, ora explodindo, ora abafado. Mas sempre eficiente. Sempre bem transmitido pelo contato das mãos, dos olhos, dos pés que se tropeçam, dos namorados e namoradas, do fluxo capitalista, da tela, do maço de cigarros...

III

De aqui, de dentro da guerra
qualquer tropeço é motivo.
A morte te olha nos olhos
te chama, te atrai, te cobiça.

De aqui, de dentro da guerra
não tem DIU nem camisinha
que te proteja da estúpida reprodução
da fome, da miséria
da ínfima estrutura
que abafa o cantar das favelas
— antigas senzalas modernas —
Cemitério Geral das pessoas.

De aqui, de dentro da guerra,
eu grito pra ser ouvida.

De aqui, de dentro da guerra,
eu me armo e policio.

De aqui, de dentro da guerra,
É que eu protejo os meus sonhos.

Pra não virar a cabeça
pra não virar a palavra
pra não virar estatística.

Rainha, nunca fui não

I

Eu cantava com um corte na alma
E os metros de mágoa
Tingindo o chão.

Eu falava com um corte na língua
E a orelha aflita
Fugindo do mar.

Eu trazia a poeira invencível
Dos mortos antigos
Insistindo em viver.

Nas dobras do ritmo
Trazia
O corte
No umbigo
E o des-crer.

II

caindo aos pedaços como um pesadelo — jeito de
[sofrer eu encontrei.
Guarda-chuva, código de barra — letra furada, bomba
[de gás lacrimolágrima,

Era um jeito de acontecer.
Cuidar de mim — cuidar di me.
Chamar o pó de Pedro,
O nó com jeito
De tragédia antiga.

O modelo de corpo mais novo
Veio com um corte na língua
E o fim da linha:
a rua esperando a menina
Morrer.

Poesia de castas e mágicas
Notícias do lado de dentro.
Corpo caindo de lado
Duzentos mil tiros no peito.
Partido político de um lado
E o orgasmo inteiro do outro.
Precipício anunciado
Na laje do desespero.

Noticiado

todo o meu gesto,
todo meu manifesto
é inteira minha luz e minha sombra
e meu copo de angústia
e meu pudor e meu acaso
meu amor
minha vida
É.
Fato
Noticiado.

Anúncio II

O corpo assumia postura de corpo
                          e rolava
           do alto
do morro
com a noite debaixo do braço.

Depois recebia silêncio:
cimento, areia, cimento
e solidão por baixo.

Em viva-voz:

Marcia Mura
(Porto Velho, 1973)

Tapuinha

Quem é você, tapuinha?
Pra dizer que eu não sou Mura?
Por um acaso tu sabe mais da minha história do que
                                                                      [eu?
Por um acaso foi tua tataravó que pariu vários filhos
                                              [do patrão português
sem poder sequer criá-los?
Sai pra lá com essa tua conversa panema!
Eu arranco tua cabeça e ofereço aos meus ancestrais
para provar que sou uma guerreira Mura!

Parece até que é Mura

Na beira do barranco às margens do Rio Madeira
Território ancestral Mura
Depois de 520 anos de colonização
A mãe ralha com a filha cunhantãi
Tu não pode ver gente que se esconde!
Parece até que é Mura

Será?

Ancestralidade

Antes de eu nascer eu era chuva
Eu era vento
Eu era rio
Eu era terra
Depois que recebi o sopro de akitiparré
Me tornei gente!
Fui alimentada por minha avó com os frutos dados
[por Namatuyky
Sou Mura!
Meu corpo e meu espírito são alimentados com
[moquém
Cará roxo! Pupunha! Puruí! Urucurí!
Sou minha avó indígena!

Curumins e cunhantãs livres de Nazaré

Os curumins e cunhantãs livres de Nazaré correm
Brincam de pião
Pulam n'água
Arpuam seus peixinhos
Fazem seus moquéns
Pintam seus cabelos com urucum
Ao cair da noite
Sonham olhando as estrelas a brilhar no céu...

Caminho de volta

Sonhei com a maloca ancestral
Sentada no chão batido no cantinho da maloca uma anciã
Seu olhar transcendia ancestralidade
Tudo emanava o espírito sagrado
As palhas que a cobriam
As paredes de paxiúba
E aquela anciã que era eu mesma
Agora eu sei o caminho que me levará à maloca ancestral!

Em viva-voz:

as autoras

Adelaide Ivánova nasceu no Recife (PE) em 1982 e é jornalista, poeta e ativista. Edita o zine de poesia radical *mais nordeste, por favor!* Em 2018 ganhou o prêmio Rio de Literatura por seu quinto livro, *o martelo*, publicado no Brasil, em Portugal, nos Estados Unidos, no Reino Unido e na Alemanha. Em 2020 foi indicada ao prêmio Derek Walcott de poesia. Desde 2011 vive em Berlim, onde ganha seu pão como babá e garçonete.

Ana Carolina Assis é poeta e educadora. Nasceu em São Gonçalo, no Rio de Janeiro, em 1991. É mestre em letras pela UFF e pesquisou em sua dissertação linguagem, corpo e esquizofrenia em Adília Lopes e Stela do Patrocínio. Construiu a muitas mãos a Oficina Experimental de Poesia (OEP) e publicou com eles o *Almanaque rebolado* (Azougue, Cozinha Experimental e Garupa, 2017). Lançou o livro de poemas *a primavera das pragas* (7Letras, 2019).

Ana Frango Elétrico é compositora, poeta e artista visual. Nascida em 1997, no Rio de Janeiro, lançou dois álbuns de estúdio, nos quais a poesia é fundamental em seu trabalho como compositora: *Mormaço queima* (independente, 2018) e *Little Electric Chicken Heart* (Selo risco, 2019). Venceu na categoria Revelação do prêmio apca em 2019 e foi indicada ao Grammy Latino e a duas categorias do prêmio Multishow. Seu primeiro livro, *Escoliose: paralelismo miúdo* (Garupa, 2020) reúne poemas ilustrados com gravuras e desenhos de sua autoria.

Bell Puã nasceu no Recife (pe) em 1993 e é poeta, cantora, compositora e atriz, além de mestre em história pela ufpe. Foi vencedora do Campeonato Brasileiro de Poesia Falada — slam br 2017, representante do Brasil na Poetry Slam World Cup 2018, em Paris, e convidada da Flip 2018. Vencedora do prêmio Malê de Literatura de 2019, é autora dos livros *É que dei o perdido na razão* (Castanha Mecânica, 2018) e *Lutar é crime* (Letramento, 2019), este último finalista do prêmio Jabuti de 2020.

Bruna Mitrano nasceu em 1985 e vive na periferia do Rio de Janeiro. Filha de camelô e neta de lavadeira, é mestre em literatura pela uerj, professora, escritora, desenhista e articuladora cultural. Publicou contos, poemas e desenhos em diversos jornais, revistas e antologias no Brasil e no exterior. É autora do livro *Não* (Patuá, 2016).

Catarina Lins nasceu em Florianópolis (SC) em 1990. É autora de *Músculo* (7Letras, 2015), *Parvo orifício* (Garupa, 2016), *O teatro do mundo* (7Letras, 2017) — finalista do prêmio Jabuti na categoria Poesia em 2018 — e *Na capital sul-americana do porco light* (7Letras, 2018). Atualmente é estudante de doutorado na Universidade de Princeton. Seu próximo livro, *Um bom ano para o milho*, será publicado em 2021.

Cecília Floresta nasceu em São Paulo (SP) em 1988 e é escritora, editora e tradutora. Pesquisa narrativas e poéticas iorubás, macumbarias, lesbianidades e literaturas insurgentes. Publicou *poemas crus* (Patuá, 2016), *genealogia* (Móri Zines, 2019) e *panaceia* (Urutau, 2020).

Danielle Magalhães nasceu no Rio de Janeiro (RJ) em 1990, é formada em história pela UFF e tem mestrado e doutorado em teoria literária pela UFRJ. Pesquisa a poesia brasileira contemporânea escrita por mulheres. Defendeu a tese *Ir ao que queima: No verso, o amor, no verso, o horror — Ensaios sobre alguma poesia brasileira contemporânea*. Seu primeiro livro de poemas é *Quando o céu cair* (7Letras, 2018).

Dinha (pseudônimo de Maria Nilda de Carvalho Mota) nasceu na cidade de Milagres, no Ceará, em 1978, e é poeta e integrante fundadora do selo independente

Edições Me Parió Revolução. Cursou letras na USP e atualmente é pós-doutoranda da área de literatura e sociedade, no Instituto de Estudos Brasileiros da USP. É autora dos livros *De passagem mas não a passeio* (Global, 2008), *Zero a zero: 15 poemas contra o genocídio da população negra* (Me Parió, 2015), *Maria do Povo/ María Pepe Pueblo* (Me Parió, 2020), entre outros.

Elizandra Souza nasceu em São Paulo (SP) em 1983 e é escritora, jornalista, semeadora de literatura negra feminina e ativista cultural há dezoito anos. Idealizadora do Coletivo Mjiba, é integrante do Sarau das Pretas e autora dos livros *Punga* (Toró, 2007), *Águas da cabaça* (Mjiba, 2012) e *Filha do fogo* (Mjiba, 2020). Também co-organizou as obras *Pretextos de mulheres negras* (Mjiba, 2013), *Terra fértil: Jenyffer Nascimento* (Mjiba, 2014) e *Narrativas pretas: Antologia poética Sarau das Pretas* (Sarau das Pretas, 2020).

Érica Zíngano nasceu em Fortaleza (CE) em 1980. É poeta e faz trabalhos em outras linguagens, como artes visuais e performance. Morou quase oito anos na Europa e em 2019 voltou ao Brasil. Atualmente faz doutorado na UFC, onde estuda literatura brasileira contemporânea. Entre outros livros de poesia lançados na Alemanha, publicou *fio, fenda, falésia* (independente, 2010), em conjunto com Renata Huber e Roberta Ferraz através do prêmio ProAC-2009 da Secretaria da

Cultura de São Paulo, e o livro de artista *Pé-de-cabra ou rabo de saia: Eis uma dúvida cruel!* (Oficina do Cego, 2012), criado em parceria com a artista Alexandra Ramires. Durante a pandemia, se mudou para Aquiraz, primeira capital do Ceará.

Jarid Arraes nasceu em Juazeiro do Norte, na região do Cariri (CE), em 1991. É escritora, cordelista, poeta e autora do premiado *Redemoinho em dia quente* (Companhia das Letras, 2019), vencedor do APCA de Literatura na categoria Contos, do prêmio da Biblioteca Nacional e finalista do Jabuti. Também é autora dos livros *Um buraco com meu nome* (Ferina, 2018), *As lendas de Dandara* (De Cultura, 2015) e *Heroínas negras brasileiras em 15 cordéis* (Pólen, 2017; Seguinte, 2020). Atualmente vive em São Paulo, onde criou o Clube da Escrita para Mulheres, e tem mais de setenta títulos publicados em literatura de cordel.

Liv Lagerblad nasceu no Rio de Janeiro (RJ) em 1989 e é poeta, artista plástica e compositora. Na web há canções com letras de sua autoria musicadas por diversos intérpretes, além do ep *Divija*, com suas declamações. Tem quatro livros publicados: *liv lagerblad* (Cozinha Experimental, 2014), da coleção kraft, *O cri§e* (Urutau, 2016), *janelas abertas nº 3* (Garupa; Kza 1, 2018) e *Ovípara* (Macondo, 2020).

Luiza Romão nasceu em Ribeirão Preto (SP) em 1992 e é poeta, atriz e *slammer*. É autora dos livros *Sangria* (2017) e *Coquetel motolove* (2014), ambos publicados pelo selo doburro. Há anos participa da cena de saraus e *slams* em São Paulo. Em 2020, entrou no mestrado no Departamento de Teoria Literária e Literatura Comparada da USP, pesquisando o *slam* no Brasil. Explora a palavra poética na intersecção com a performance, o cinema e o ativismo.

Luna Vitrolira nasceu no Recife (PE) em 1992 e é escritora, poeta, declamadora, atriz, performer, cantora, compositora e apresentadora. Mestra em teoria da literatura, é educadora e idealizadora dos projetos de circulação nacional Estados em Poesia, Mulheres de Repente e De Repente uma Glosa. Seu livro *Aquenda: O amor às vezes é isso* (V. de Moura Mendonça — Livros, 2018) foi finalista do prêmio Jabuti 2019 na categoria Poesia.

Luz Ribeiro nasceu no verão de 1988 em São Paulo (SP). É poeta, *slammer*, atriz, performer e mãe. Integra o grupo de teatro e pesquisa Legítima Defesa. Venceu os campeonatos nacionais de poesia Slam FLUP Nacional (2015) e Slam BR (2016) e foi semifinalista da Coupe du Monde de Slam de Poésie (França, 2017). Protagonizou um dos capítulos da série *Bravos!*, da TV Brasil. É autora de *eterno contínuo* (selo doburro, 2013), do livro duplo *espanca estanca* (Quirino, 2017) e *novembro [pequeno manual de como fazer suturas]* (Quirino, 2020).

Marcia Mura é o nome étnico e político de Márcia Nunes Maciel. Tanãmak é seu nome espiritual recebido por Namãtuyky. Nasceu em Porto Velho (RO) em 1973, às margens do rio Madeira, território ancestral mura. É autora do livro *O espaço lembrado: Experiência de vida em seringais da Amazônia* (Edua, 2012). Recebeu o prêmio de intercâmbio cultural do Ministério da Cultura em 2010. Formada em história pela Universidade Federal de Rondônia, tem mestrado em sociedade e cultura na Amazônia e doutorado em história social pela USP.

Maria Isabel Iorio nasceu no Rio de Janeiro (RJ) em 1992 e é poeta e artista visual. Publicou *Em que pensaria quando estivesse fugindo* (2016) e *Aos outros só atiro o meu corpo* (2019), ambos pela editora Urutau. Faz uma série de trabalhos em vídeo, fotografia, dramaturgia, colagem e ações coletivas.

Marília Floôr Kosby nasceu em Arroio Grande (RS) em 1984. É autora dos livros de poesia *Os baobás do fim do mundo* (Novitas, 2011) e *Mugido [ou diários de uma doula]* (Garupa, 2017). Seus poemas foram publicados em antologias e revistas de literatura brasileiras e internacionais.

Mel Duarte nasceu em São Paulo (SP) em 1988. É escritora, poeta, *slammer*, produtora cultural e atua com literatura desde 2006. Integrou durante quatro anos a coletiva Slam das Minas SP e é um nome reconhecido dentro da cena do *spoken word*. Em 2019, foi a primeira poeta negra brasileira a lançar um disco de poesia falada, *MORMAÇO — Entre outras formas de calor*. É autora de *Negra. Nua. Crua* (Ijumaa, 2016) e *Colmeia* (Philos, 2020), entre outros livros.

Natasha Felix nasceu em Santos (SP) em 1996. É autora de *Use o alicate agora* (Macondo, 2018) e teve poemas incluídos na antologia *9 poemas* (Las Hortensias, 2019) e na coletânea de poetas negras contemporâneas *Nossos poemas conjuram e gritam* (Quelônio, 2018). Há alguns anos, desenvolve projetos de performance e poesia falada. Em 2020, figurou na lista Under 30, da revista *Forbes*.

nina rizzi nasceu em Campinas (SP), em 1983, mas vive no Nordeste. É leitora, poeta, tradutora, pesquisadora, professora e editora. É autora de *tambores pra n'zinga* (Multifoco, 2012), *A duração do deserto* (Patuá, 2014), *geografia dos ossos* (Douda Correria, 2016), *quando vieres ver um banzo cor de fogo* (Patuá, 2017) e *sereia no copo d'água* (Jabuticaba, 2019). Participa do movimento de saraus em Fortaleza.

Raissa Éris Grimm Cabral nasceu em 1985 em Florianópolis (SC) e mora no Recife (PE). É lésbica, transfeminista, poeta e psicoterapeuta. Doutora em psicologia pela Universidade Federal de Santa Catarina, ex-pesquisadora do Núcleo Margens — Modos de Vida, Família e Relações de Gênero, é autora do livro de poemas *Sapa profana* (padê editorial, 2018).

Regina Azevedo nasceu em Natal (RN), em 2000, e é poeta. Publicou os livros de poemas *Das vezes que morri em você* (Jovens Escribas, 2013), *Por isso eu amo em azul intenso* (Jovens Escribas, 2015) e *Pirueta* (Selo Duburro, 2017), além de alguns fanzines como *Carcaça* (2015).

Renata Machado Tupinambá, conhecida também como Aratykyra, nasceu em Niterói (RJ) em 1989. É jornalista, produtora, poeta, consultora, curadora, roteirista e artista visual. Trabalha e pesquisa a comunicação voltada para a decolonização dos meios de comunicação e o fortalecimento das narrativas indígenas no cinema, na TV, na literatura e na música. É cofundadora da Rádio Yandê, primeira web rádio indígena do Brasil, corroteirista da série *Sou Moderno, Sou Índio*, do CineBrasil e criadora do podcast Originárias.

Rita Isadora Pessoa nasceu no Rio de Janeiro (RJ) em 1984 e é escritora. É doutora em literatura comparada pela UFF e publicou em 2016 seu primeiro livro de poemas, *A vida nos vulcões* (Oito e Meio). Foi vencedora do Prêmio Cepe Nacional de Literatura de 2017 com *Mulher sob a influência de um algoritmo* (Cepe, 2018). Seu terceiro livro, *Madame Leviatã*, foi lançado em agosto de 2020 pela editora Macondo.

Stephanie Borges nasceu no Rio de Janeiro (RJ) em 1984 e é jornalista, tradutora e poeta. Estudou comunicação social na UFF e se especializou em publishing management na FGV-Rio. Trabalhou em editoras como Cosac Naify e Globo Livros. Traduziu prosa e poesia de autoras como Audre Lorde, bell hooks, Jacqueline Woodson, Claudia Rankine e Margaret Atwood. Seu livro de estreia, *Talvez precisemos de um nome para isso* (Cepe, 2019), venceu o IV Prêmio Cepe Nacional de Literatura.

Valeska Torres nasceu no Rio de Janeiro (RJ) em 1996. É poeta, escritora, performer, apresentadora do podcast Garganta! e estudante de biblioteconomia na Unirio. É autora do livro *O coice da égua* (7Letras, 2019) e publicou em diversas antologias, fanzines e plataformas digitais no Brasil e no exterior.

Yasmin Nigri nasceu em 1990 no Rio de Janeiro (RJ). Bacharel e mestre em filosofia pela UFF e doutoranda na linha de estética pela PUC-Rio, ministra cursos e oficinas de escrita criativa. É artista visual, crítica literária e integra um grupo de pesquisa associado ao CNPq chamado Arte, Política e Autonomia. Seu livro de estreia, *Bigornas* (Ed. 34, 2018), foi finalista do Prêmio Rio de Literatura.

referências dos poemas já publicados

ADELAIDE IVÁNOVA

"o urubu", "a moral" e "o marido", in *o martelo* (Garupa, 2017).

"o cavalo #1" e "desobediência do estado civil", in *13 nudes* (Macondo, 2019).

ANA CAROLINA ASSIS

"aos 16 parou de tocar piano os pássaros e a geografia dos homens", "olho de boi", "mariana", "bicho sem mar" e *"ultimamente quando"*, in *a primavera das pragas* (Rio de Janeiro: 7Letras, 2019).

ANA FRANGO ELÉTRICO

"CÓLICA", e "PEITO", in *Cadernos do CEP* (Rio de Janeiro, v. 1, maio 2017).

"*lorena*", "cuido bem demais", "volume, som e cor" e "*inundações*", "*maldita madrugada*" e "transamental", in *Escoliose: paralelismo miúdo* (Rio de Janeiro: Edição da autora, 2017).

BELL PUÃ

"*no percurso de negar corações*" e "*é que dei o perdido na razão*", in *É que dei o perdido na razão* (Paulista, PE: Castanha Mecânica, 2018).

"*molhados os sonhos no asfalto*", in Philos, 28 nov. 2018.

CATARINA LINS

"no beto carrero eu vi um macaco que ria" e "tyr entre os matrinxãs" in *Músculo* (Rio de Janeiro: 7Letras, 2015).
"teu coração, uma brastemp (preta)", in *Na capital sul-americana do porco light* (Rio de Janeiro: 7Letras, 2018).
"prece estruturada em formato de polpa", in *Parvo ofício* (Rio de Janeiro: Garupa, 2016).

CECÍLIA FLORESTA

"amazonas das sete lanças" e "moça entendida não paga", in *panaceia* (São Paulo: Urutau, 2020).
"idade da pedra", in *poemas crus* (São Paulo: Patuá, 2016).

DANIELLE MAGALHÃES

"em casa", "depois do fim", "anticorpos" e "âncora", in *Quando o céu cair* (7Letras, 2018).

DINHA

"de aqui de dentro da guerra", "rainha, nunca fui não", "noticiado" e "anúncio II", in *De passagem mas não a passeio* (São Paulo: Global, 2008).

ELIZANDRA SOUZA

"em legítima defesa", "calar o grito e gritar o silêncio", "palavra de mulher preta" e "universo das saias", in *Águas da cabaça* (Coletivo Mjiba, 2012).

ÉRICA ZÍNGANO

"problemas metafísicos" e "fios de ovos para viagem", in *Modo de Usar & Co.*, 1 jun. 2011.

"teoria dos gêneros", in *Piolho, Revista de Poesia* (Porto, n. 5, 2011).
"cheesecake sem cereja", in *Revista Gueto* (São Paulo, n. 5, jan.-mar. 2018).

JARID ARRAES

"a torre", "mormaço", e "vocação", in *Um buraco com meu nome* (São Paulo: Ferina, 2018).
"patas vazias", in Blog da Companhia, 21 jul. 2020.

LIV LAGERBLAD

"depois de dis líquidos", in *liv lagerblad* (Cozinha Experimental, 2014).
"1" e "today", in *O crise* (Bragança Paulista: Urutau, 2016).
"*Talvez você esteja escutando meu dedo*", in *Cadernos do CEP* (Rio de Janeiro, v. 2, jun. 2017).
"*Disfunção na glândula rábica*", in *Ovípara* (Macondo, 2020).

LUIZA ROMÃO

"dia 1. nome completo", "dia 13. 1ª transa" e "dia 19. febre", in *Sangria* (São Paulo: selo doburro, 2017).

LUNA VITROLIRA

"*eu imagino você acordando*", "*não conheço uma mulher que não tenha*", "*o amor está morto e enterrado*", "*é devoto*" e "*sou uma mulher de três bocas*", in *Aquenda: O amor às vezes é isso* (São Paulo: V. de Moura Mendonça — Livros, 2018).

MARCIA MURA

"tapuinha", in *p-o-e-s-i-a.org: Poesia indígena hoje*, n. 1, ago. 2020.

MARIA ISABEL IORIO

"estudo da tração na sutileza da diferença", "dados" e "*um homem é feliz com documentos*", in *Aos outros só atiro o meu corpo* (Bragança Paulista: Urutau, 2019). "*se eu te deixar*", in *Em que pensaria quando estivesse fugindo* (Urutau, 2016).

MARÍLIA FLOÔR KOSBY

"mmmmmm", "*tarde toda de terça*", "*angélica*", "*a vó gosta da cabeça da ovelha e do pescoço da galinha*", "*eu com a minha boca aberta beijei porcelanas tantas*" e "*trepada no alto de suas ânsias*", in *Mugido* (Rio de Janeiro: Garupa, 2017).

NATASHA FELIX

"As tranças" e "Preparo para arena", in *Nossos poemas conjuram e gritam* (Quelônio, 2019). "Amor", "Exercícios" e "*logo farei 22 anos*", in *Use o alicate agora* (Macondo, 2018).

NINA RIZZI

"*gostava quando ficava escuro e podia dormir*", "*amor, pobre amor*", "*poeminha manhoso para me cobrir todinha*" e "*noturno pra ela clara, claríssima*", in *quando vieres ver um banzo cor de fogo* (São Paulo: Patuá, 2017). "das vezes que me tornei branca", in *sereia no copo d'água* (São Paulo: Jabuticaba, 2019).

REGINA AZEVEDO

"tomar catuaba com você", "festejo ao fogo" e "o sertão sou eu", in *Cadernos do CEP* (Rio de Janeiro, v. 3, jul. 2017).
"fundo", in Scamandro, 15 set. 2017.

RENATA MACHADO TUPINAMBÁ

"retomada originária", in *p-o-e-s-i-a.org: Poesia indígena hoje*, n. 1, ago. 2020.

RITA ISADORA PESSOA

"feixe", "palavras que adianto; arrisco; risco; hesito para seguir adiante i"; "palavras que adianto; arrisco; risco; hesito para seguir adiante ii", in *A vida nos vulcões* (Rio de Janeiro: Oito e Meio, 2016).
"eu, olga hepnarová", in *Cadernos do CEP* (Rio de Janeiro, v. 5, set. 2017).

STEPHANIE BORGES

"i", in *Talvez precisemos de um nome para isso [ou o poema de quem parte]* (Recife: Cepe, 2019).
"programação", in Ruído Manifesto, 27 mar. 2019.

VALESKA TORRES

"Marlene", "Pombo morto", "Nós dois cantando Sidney Magal na feira de São Cristóvão" e "Carne moída", in *O coice da égua* (Rio de Janeiro: 7Letras, 2019).

YASMIN NIGRI

"mãe", "largar você não vai ser fácil", "tchékhov" e "angélica freitas", in *Bigornas* (São Paulo: Ed. 34, 2018).

1ª EDIÇÃO [2021] 1 reimpressão

ESTA OBRA FOI COMPOSTA PELA SPRESS
EM MERIDIEN E IMPRESSA PELA GRÁFICA BARTIRA
EM OFSETE SOBRE PAPEL PÓLEN SOFT DA SUZANO S.A.
PARA A EDITORA SCHWARCZ EM JUNHO DE 2021

A marca FSC® é a garantia de que a madeira utilizada na fabricação do papel deste livro provém de florestas que foram gerenciadas de maneira ambientalmente correta, socialmente justa e economicamente viável, além de outras fontes de origem controlada.